酒店服务与管理专业基于工作过程系统化系列教材

编委会

Front Office Service

前厅服务

主编　邓兰珍　朱朦朦

暨南大学出版社
JINAN UNIVERSITY PRESS

中国·广州

图书在版编目（CIP）数据

前厅服务/邓兰珍，朱朦朦主编．—广州：暨南大学出版社，2014.5
（酒店服务与管理专业基于工作过程系统化系列教材）
ISBN 978－7－5668－0961－2

Ⅰ.①前…　Ⅱ.①邓…　②朱…　Ⅲ.①饭店—商业服务—技术培训—教材　Ⅳ.①F719.2

中国版本图书馆CIP数据核字（2014）第054618号

出版发行：暨南大学出版社

地　址：中国广州暨南大学
电　话：总编室（8620）85221601
　　　　营销部（8620）85225284　85228291　85228292（邮购）
传　真：（8620）85221583（办公室）　85223774（营销部）
邮　编：510630
网　址：http：//www.jnupress.com　http：//press.jnu.edu.cn

排　版：广州市天河星辰文化发展部照排中心
印　刷：广东广州日报传媒股份有限公司印务分公司

开　本：787mm×1092mm　1/16
印　张：11.5
字　数：274千
版　次：2014年5月第1版
印　次：2014年5月第1次

定　价：35.00元

总序

为了培养具备综合职业能力的高技能酒店服务与管理人才，编者以“工学结合”为指导思想，引入国外先进职教理念，深入广州地区酒店行业及企业实地考察、访谈和调研，以酒店岗位从业人员的实际工作任务为主线，依托校企合作，共同对酒店服务与管理人才培养模式、培养目标、职业能力和课程设置进行分析及定位，以典型工作任务为载体，根据典型工作任务和工作过程设计学习情境，按照工作过程的顺序和学生自主学习的要求进行教材内容的编写，创新并开发了酒店服务与管理专业基于工作过程系统化系列教材。本系列教材共12本，分别是：《餐厅服务》、《客房清洁》、《楼层接待服务》、《前厅服务》、《菜肴与酒水推销》、《酒吧服务》、《酒店英语》、《酒店服务心理》、《酒店服务礼仪》、《酒店信息管理》、《餐厅技能训练》、《客房技能训练》。

本系列教材由一批学术水平高、教学经验丰富、课程开发能力强的酒店专业教师与企业骨干共同开发而成。在教材组织编写工作中，我们坚持以下原则：

一是从职业岗位群分析入手，根据酒店对服务人员的要求和相关的国家职业标准，科学确定教材内容，使教材具有贴近酒店一线从业人员岗位实际工作要求的鲜明特色。

二是根据中等职业技术院校酒店服务与管理专业的教学特点，合理编排教材内容，并以工作情境为切入点，采用任务驱动的编写思路，使教材具有适应教学和易于学习的鲜明特色。

三是注重将酒店企业的新理念、新方法及综合职业能力要求编入教材，使教材具有与行业发展同步的鲜明特色，不仅适用于酒店服务与管理专业的教学，也适用于酒店行业、企业员工的职业培训。

上述教材的编写得到了广州首旅建国酒店有限公司、广州市嘉逸国际酒店有限公司、广东大厦等校企合作企业的大力支持，教材的编审人员做了大量的工作，在此表示衷心的感谢。同时，恳切希望广大读者对教材提出宝贵的意见和建议，以便修订时加以完善。

编委会
2014年3月

Contents
目录

Contents

目录

Contents

目录

学习情境一

恳亲会客人的接送服务

引　言

恳亲会一般是指某姓氏或某地同乡为连接血缘或地缘而举办的民间活动，是一种联谊会或诚恳、亲切的交流会。学习情境一的恳亲会是以2013年年底在广州召开的首届世界广府人恳亲大会为例，进行的一次模拟酒店接送来参加本次恳亲会的散客从客房预订—店外迎客—店内迎宾—离店时的店内送客—店外送客等系列服务。

学习活动1　客房预订服务

●学习目标

1. 能正确使用前厅的硬件设施设备；
2. 能完成电话预订的确认和婉拒；
3. 能正确填写客房预订单；
4. 能与客人有良好的沟通，正确确认订房并满足客人的订房要求；
5. 能按照客人的变更灵活处理客人预订失约行为。

学习任务

1. 组建学习小组。

2. 根据恳亲会散客的特点，重点学习电话预订的服务技能和服务意识，并能为客人提供电话预订服务和应变服务。

任务引入

阅读下面的案例，回答后面的问题。

【案例】

广府人恳亲联谊会委员会拟在2013年12月23日至25日在广州市广东大厦召开首届世界广府人恳亲大会，将有来自印度尼西亚、马来西亚、日本、新加坡、泰国、马达加斯加、毛里求斯、南非、英国、法国、巴西、加拿大、美国、澳大利亚、新西兰等国，以及中国香港、澳门地区近30位海内外知名华侨华人参加。

现有五位客人需要提前预订客房，分别是：来自新加坡的客人是一对将近六旬的夫妇，在新加坡居住30年，为退休的大学教授；来自加拿大的客人是一位45岁的成功商界人士，一人前来参加会议，男性；来自新西兰的客人是一位30岁的留学生，携新婚妻子前来参加会议；来自香港地区的客人是一位38岁的商人，一家三口前来参加会议；来自澳门地区的客人是一位未婚女士，一人前来参加会议。

◇思考与启发

前厅部预订处的任务就是销售客房，每位预订员在自己的岗位上都有促销机会，因此都应具备一定的促销能力。销售客房首先要求预订员具备热情的服务态度；其次要求预订员能把握客人的心理和善于运用语言技巧，巧妙而合理地运用促销手段，增强销售效果。在类似本例的接待问题中，应尽量了解客人的特点，尽可能满足客人的要求，留住客人。即使酒店的客房都已订满，预订员也不应放弃服务，应帮助客人联系档次、规模、房价相近的其他酒店，既为客人提供了解决问题的建议，又给客人留下了良好的印象，有助于争取回头客。

★想一想：作为广东大厦的总台预订处应提前做好什么准备工作？（列举三项以上）

____

____

____

任务布置

学生8～10人一组。以小组为单位，根据五位客人的身份特点，为其制订电话预订客房的服务方案并按方案组织实施训练。

知识链接

一、前厅部对客服务的全过程

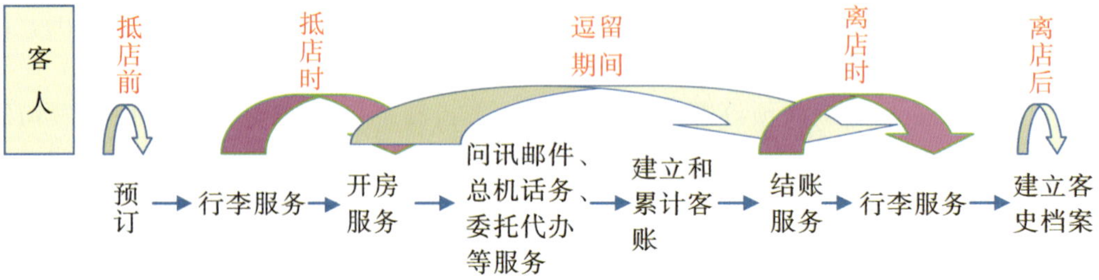

图 1－1　前厅部对客服务全过程

二、前厅部知识介绍

（一）前厅部的地位和作用

（1）前厅部是酒店的门面，是树立酒店整体形象的重要部门。

（2）前厅部的销售状况直接决定酒店的经济收入。

（3）前厅部的服务质量在一定程度上是酒店服务质量的标志。

（4）前厅部是信息收集的主要枢纽，是对客服务的协调中心。

（5）前厅部是酒店管理机构的代表，是联系酒店与客人的纽带。

（二）前厅部的组织机构

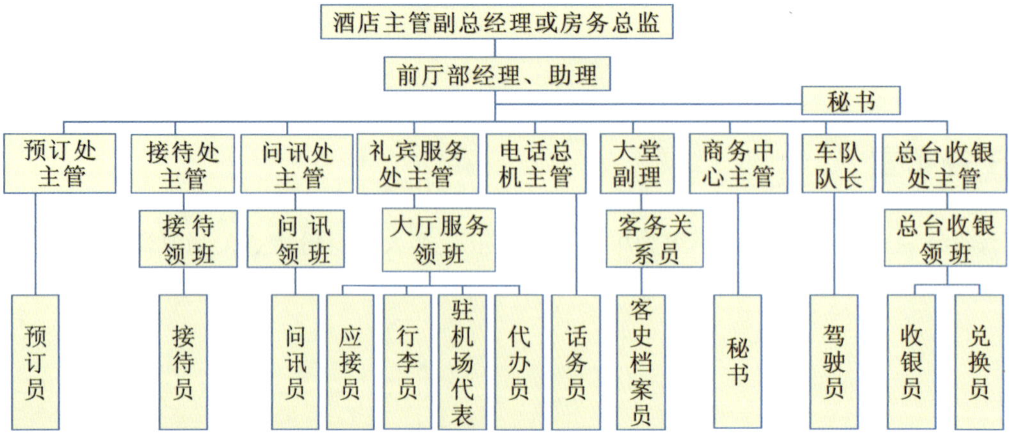

图 1－2　大型酒店前厅部组织机构图

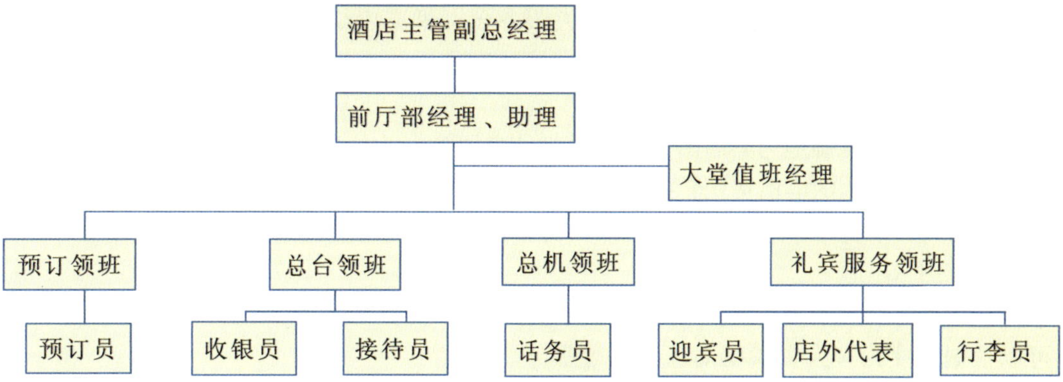

图1－3　中型酒店前厅部组织机构图

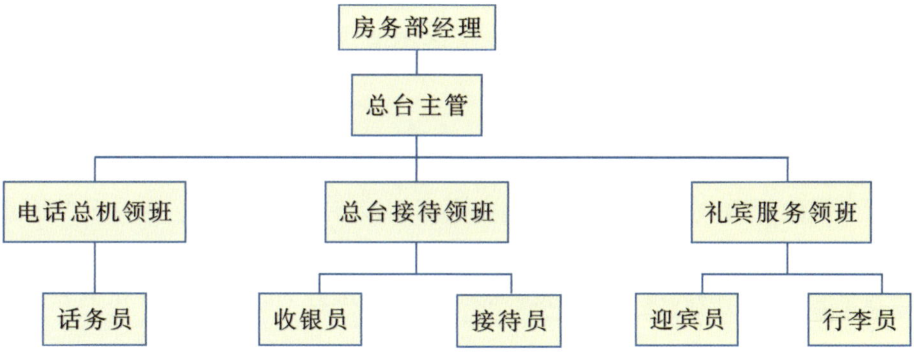

图1－4　小型酒店前厅部组织机构图

（三）前厅部的功能分区

1. 预订处

预订处负责客房预订销售业务，掌握并灵活运用酒店的房价政策，积极推销客房，了解酒店所有客房的占用和使用情况，做好超额预订的登记工作。另外，当大型团体租用客房在酒店下榻时，预订处必须与销售部保持密切的联系，参与制订全年客房预订计划。

2. 登记处

登记处负责住店客人的迎送接待、客人的下榻和开房登记、分配房间、控制客房状态、制作营业日报表等业务。

3. 问讯处

问讯处需回答客人有关酒店服务的一切问题及酒店外的交通、游览、购物等内容的问讯；代客对外联络（主要是指机场、车站、游览点等代办服务事项）、代客保管钥匙和贵重物品；处理客人信函和留言；通知客人的电报、电话等。

4. 礼宾处

礼宾处负责住店客人的行李运送和安全，为客人寄存行李；恭候和带领客人到总台办理登记手续；护送客人去房间；带领客人去服务台办理离店结账手续；安排好离店客人的交通，使客人感到周到、惬意；在公共区域寻找客人；分送客人报纸、邮件和留言。

5. 电话总机

及时、快速、准确地为酒店潜在客人提供信息服务；为住店客人提供市内电话及长途付费电话业务；将客人的电话费用转到服务台的收银结账处，登记在客人费用账目内；提供叫醒服务，播放背景音乐；电话找人；电话留言；传播和消除紧急通知或说明。

6. 商务中心

为住店客人提供打字、翻译、复印、长途电话、传真以及互联网等商务服务。此外，还可以根据需要为客人提供秘书、票务等服务。

7. 收银处

收银处设置于酒店前厅，但隶属于财务部。收银处负责住店客人住店期间一切消费的收款业务，包括客房、餐厅、酒吧及各项综合服务等，必须与酒店一切客人有消费的地方的收款员和服务员联系。其所负责的内容有：催收核实账单；提供外币兑换业务；夜间处理全店业务，收益核算，制作表格，提供客人各类消费的情况。

（四）前厅环境应达到的标准

（1）酒店入口处要有气派、有吸引力，有迎接客人的气氛。

（2）大堂宽敞舒适，其建筑面积与整个酒店的接待能力相适应，大堂公共面积不小于150平方米，不包括总台、商场、商务中心、大堂酒吧等面积。

（3）大堂要有一定的高度，不会使人感到压抑，最好为天井式。天花板装修华丽，采光良好。

（4）整体布局合理，装饰精致，格调高雅。

（5）空气清新，温度适宜，无异味、无烟尘、无噪音。空调不会使人感到头疼，令客人感到自然舒适。

（6）区域划分合理，方便客人活动，自然花木装修美观，有良好的隔间效果。

（7）背景音乐适宜，最好播放各种抒情音乐、民族音乐等，音量适中。

（8）灯具高级，灯光柔和。

酒店大堂

五星级酒店夜景

威尼斯人酒店

威尼斯人酒店大楼

深圳东部华侨城瀑布酒店大堂

澳门酒店大堂

酒店外观

（五）前厅服务人员的礼仪规范

（1）优良端正的品行、作风正派。

（2）良好的仪容仪表。

（3）机智灵活，有较强的应变能力。

（4）较高的语言表达水平。

（5）精明能干，善于推销。

（6）勤奋好学，有较宽的知识面。

（7）善解人意，有较强的理解客人意图的能力。

（8）一丝不苟，有认真的工作态度。

前厅接待员着装

大堂副理着装

餐厅接待员着装

（六）酒店服务忌语

酒店服务忌语通常指酒店服务中的忌讳之语，亦即服务员在服务时不宜使用，并应当努力避免使用的某些词语或言语：

（1）不尊重之语：“老家伙”、“傻子”、“呆子”、“侏儒”、“瞎子”、“聋子”。

（2）不友好之语：“你消费得起吗？”“没钱还来干什么？”“装什么大款？”“一看就是穷光蛋！”“你算什么东西！”“瞧你那副德行！”“我就是这个态度！”

（3）不耐烦之语：“我也不知道！”“那上面不是写着了吗！”“着什么急呀！”“找别人去！”

（4）不客气之语：“瞎乱动什么？”“弄坏了你管赔不管赔？”“拿零钱来！”

（七）前厅部使用的软件管理系统及硬件设施设备

1. 软件管理系统

软件管理系统图标

黑马软件—客房管理专家
实时房态
远期房态
预订管理
散客预订
团体预订
接待管理
散客接待
团体接待
收银管理
夜间稽核
收银上下班
重新登录
退出系统
广州市黑马软件科技有限公司
广州市食为天软件科技发展有限公司
靓客栈2008
靓客栈
www.himasoft.com

（1）预订界面。

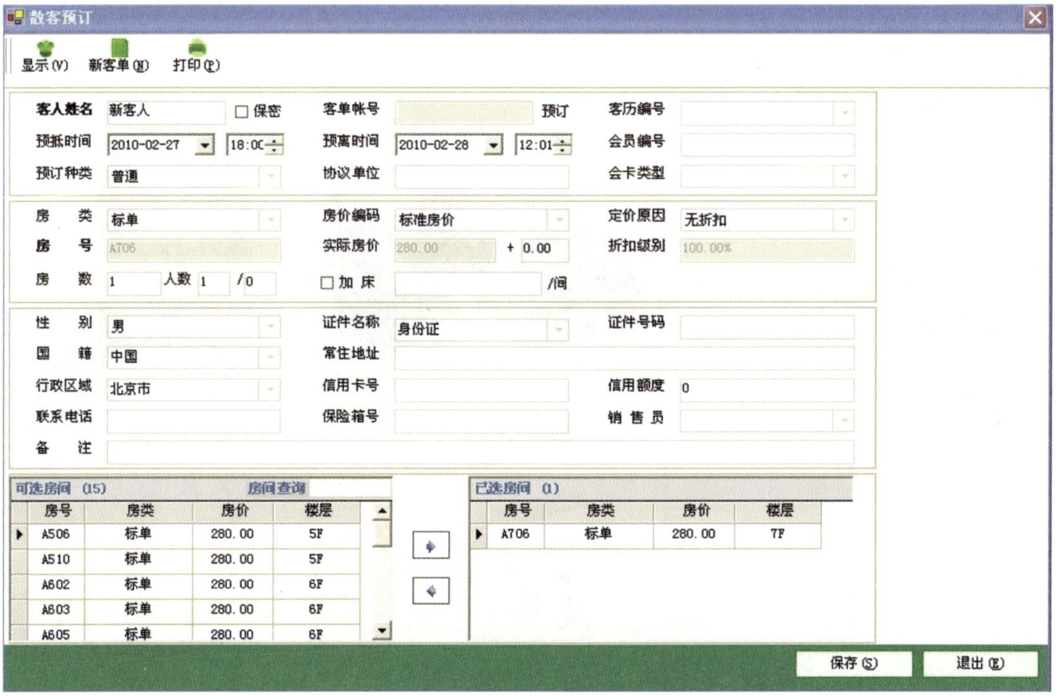
散客预订
显示(V)
新客单(N)
打印(P)
客人姓名
新客人
保密
客单帐号
预订
客历编号
预抵时间
2010-02-27
18:00
预离时间
2010-02-28
12:01
会员编号
预订种类
普通
协议单位
会卡类型
房类
标单
房价编码
标准房价
定价原因
无折扣
房号
A706
实际房价
280.00
+ 0.00
折扣级别
100.00%
房数
1
人数
1
/0
加床
/间
性别
男
证件名称
身份证
证件号码
国籍
中国
常住地址
行政区域
北京市
信用卡号
信用额度
0
联系电话
保险箱号
销售员
备注
可选房间 (15)
房间查询
房号
房类
房价
楼层
A506
标单
280.00
5F
A510
标单
280.00
5F
A602
标单
280.00
6F
A603
标单
280.00
6F
A605
标单
280.00
6F
已选房间 (1)
A706
标单
280.00
7F
保存(S)
退出(E)

（2）入住登记界面。

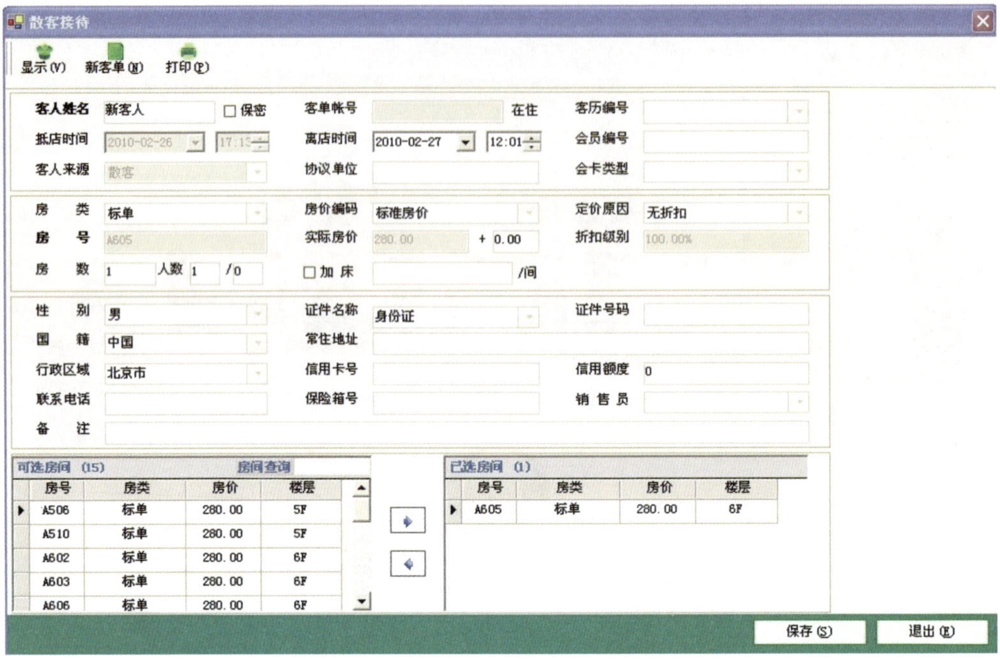

2. 前厅预订使用的硬件设施及设备

（一）柜台设备 1. 电脑 2. 打印机 3. 身份证扫描仪 4. 信用卡刷卡机 5. 文件架 6. 验钞机 7. 客房钥匙刷卡器 8. 打时机	 
（二）总机设备 1. 电脑 2. 电话交换机 3. 总机控制系统	 
（三）行李组设备 1. 行李车 2. 行李寄存架 3. 伞架 4. 轮椅 5. 贵重物品保险箱	

三、预订服务知识介绍

（一）预订需要用到的表格

（1）定金收据：作为已收定金的凭据。

表 1－1 定金收据

Advance Deposit

<table>
<tr><td rowspan="10">客人姓名
Guest Name

订房人
Reservation
Made by

支付定金人
Deposit Paid by

经手人
Approved by</td><td colspan="3">抵店 Arrival</td><td colspan="2">离店 Departure</td></tr>
<tr><td colspan="3"></td><td colspan="2"></td></tr>
<tr><td colspan="5">用房要求 Accommodations</td></tr>
<tr><td rowspan="2">房价
Room Rate</td><td>单人 SL</td><td>双人 D.</td><td>高级 Su.</td><td>其他 Other</td></tr>
<tr><td></td><td></td><td></td><td></td></tr>
<tr><td colspan="5">定金总数 Amount of Deposit</td></tr>
<tr><td colspan="3" rowspan="2">金额总数 Amount</td><td>人民币 RMB</td><td>外币 Foreign</td></tr>
<tr><td></td><td></td></tr>
<tr><td colspan="3">扣除佣金 Less Commission</td><td></td><td></td></tr>
<tr><td colspan="3">实收 Net Received</td><td></td><td></td></tr>
</table>

（2）预订记录簿：预订业务的工作记录，便于业务汇总和查询管理。

表 1－2 预订记录簿

预订方式	客人姓名	房间类型	房间数	预订号	抵达日期	离开日期

（3）预订单：记录客人预订信息的重要业务单据。

表 1－3 预订单

Reservation Form

客人姓名 Guest Name	房间数量 No. of Rooms	房间种类 Room Type	客人人数 No. of Guests	房价 Room Rate	公司名称 Company Name

（续上表）

预订到店日期 Original Arrival Date	预订离店日期 Original Departure	抵达航班 Arr. Flight	离店航班 Departure Flight
付款方式 Payment	□公付 □含中早 □含西早 □自付 15% 服务费 Surcharge15%	是否确认 Confirmation	□是 □否 Yes No
备注 特殊要求 Remarks	□预付款或支票 Deposit □信用卡 Credit Card □走付 COD □加床 Extra Bed □婴儿床 Cot □双人床 Double Bed		
联系人姓名 Contact Name	联系电话或传真号码 Tel. No. & Fax. No	预订人 Taken by	预订日期 Date Taken
申请日期 Date Applied	经办人 Handled by	备注 Remarks	

（二）预订的种类

1. 临时性预订

临时性预订是指客人在即将抵达酒店前，在很短的时间内或在到达当天联系订房。由于没有足够时间给客人确认，同时也无法要求客人预付订金，所以处理方法是：

（1）临时性订房通常由总台接待处受理，因为接待处更了解当天客房的出租情况。

（2）临时性预订的客人如在当天的“取消订房时限”（通常是下午 18：00）还未到达酒店，该预订即被取消。

2. 确认性预订

确认性预订指酒店已经以书面形式确认过的预订。这类客人的地址已被验证，信用高，收取欠款风险比较小，处理方法是：

（1）虽已确认，酒店依然可以事先声明为客人保留客房至某一具体时间。

（2）过了预期时间，客人如未抵店，也未与酒店联系，则酒店有权将客房出租给其他客人。

（3）取消确认性预订的时间也是当天下午 18：00。

3. 保证性预订

保证性预订是指客人在订房时，预交了至少一天的订金，从而保证了客人在入住的第一天不受下午 18 时的限制。若客人未能按时到达，酒店则替他保留房间至次日（第二天）中午 12 时，同时向客人收取一天的房租。

（三）预订的方式

1. 电话预订

客人通过电话与酒店联系订房。

2. 书面预订

客人通过电报或书信的形式与酒店联系订房。

3. 网络预订

客人通过与酒店电脑预订中心系统联系，预订该酒店集团分布在各地的客房。

4. 面谈预订

指客人与预订员面对面地洽谈订房事宜的一种订房方式。

（四）预订服务流程及操作标准

1. 电话预订服务

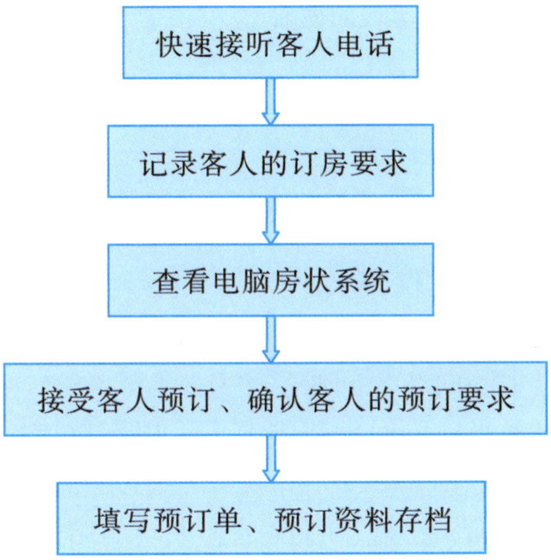

图1－5　电话预订服务流程

表1－4　电话预订服务操作标准

流程	操作标准
快速接听客人电话	①铃响三声以内接听。 ②问候客人：早上好、下午好、晚上好…… ③报部门：预订处。 ④提电话时要注意轻拿轻放，以体现服务中的“三轻”原则，在接听电话时，语气委婉、语音清晰、语速平缓适中；练习过程中体现“以客人为主”的原则，并运用礼貌用语，培养礼貌待客的良好服务意识以及灵活处理问题的能力。
记录客人的订房要求	询问客人姓名（中英文拼写）、用房日期、预订数量、房型等。
查看电脑房状系统	查看电脑房状系统，了解客房状况： ①客满：向客人表示歉意，列入等候名单、婉拒并推荐附近的同档次酒店。 ②现有空房不符合客人需求：推荐不同种类的客房。 ③现有客房符合客人需求：接受预订。

（续上表）

流程	操作标准
接受预订	①明确答复接受客人预订。 ②询问付款方式、班次及车次和时间。 ③向客人说明房间保留时间，或建议客人作保证性预订。
确认客人的预订要求	复述客人的预订要求，并请客人加以确认。
填写预订单	①记录客人到店时间、房间种类、房价及数量等。 ②记录客人预订种类、付款方式、特殊要求等。 ③内容正确，字迹清晰。
向客人表示感谢	向客人致谢，恭候客人的光临。
预订资料存档	①将客人预订信息录入电脑。 ②将所有的预订资料整理存档。

2. 其他预订操作要求

（1）接受客人当面预订时的礼仪要求。

当客人前来预订客房，临近总台 5 米时，服务员应以目光注视客人以示欢迎；当客人临近总台 3 米时，服务员应主动向客人问候。

在接受客人预订时，服务员应不时地目视客人，以示尊重。

（2）传真预订。

传真预订方便、快捷、准确、正规，目前是客人与酒店进行预订联系最常用的通信手段之一，即发即收、内容详尽，并可传递客人的印迹，如签名、印章等，还可以传递图表。其作为预订原始资料保管下来之后不容易产生预订纠纷。

（3）信函书写的注意事项。

1）及时复信。越早让客人收到回信，越能获得客人的好感。多数酒店规定 24 小时内必须寄出复信，并使用打时机在复信上打印时间以控制回信的速度。

2）避免给客人留下公函式信件的感觉。复信应使收件人感到信件是专门为他写的，是一封私人信函。如预订员不能用“Dear Sir”，而应正确使用客人的头衔与称呼，并准确拼写其姓名。

3）复信格式应正确、完美，注意中英文书信格式的差异。

4）复信内容明确、简洁且有条理。对客人来信中所提要求，一定要给予具体的答复，即使是不能应允或不能满足的要求，也须婉转地表示歉意，做到谦恭有礼，避免含糊不清。

5）复信的地址、日期应书写完整、准确。

6）注意信纸、信封的质量和邮票的选择以及复信者的亲笔签名。

四、预订服务知识拓展

（一）客房报价方式

1.“冲击式”报价

“冲击式”报价适用于低档客房，即报价时先报出房间价格，以低价位的房间吸引客人，引起客人对客房的兴趣。例如：“我们有一间 100 元/天的标准房间，房内配有电视、电话和独立的卫生间。”

2.“三明治式”报价

“三明治式”报价适用于中档客房，即先描述房间的使用价值，价格在中间报出，再描述房间的附加利益，以减轻价格的分量，突出其实惠。例如：“一间朝向美丽湖泊的宽敞房间，价格为 600 元/天，此房间还包括一份美式早餐以及洗衣中心提供的一张免费西装熨烫单……”

3.“鱼尾式”报价

“鱼尾式”报价适用于高档客房，即先介绍设施设备以及房间的使用价值和附加利益，最后报出价格，以使用价值和附加利益来减弱价格对客人的影响，突出物有所值。例如：“我们有一间朝向大海美丽且宽敞的房间，房间内配备按摩浴缸、宽敞的超大双人床、每天赠送一份报纸，而且您还可以享受免费的早餐和室内游泳池。这间房的价格为 1 180 元/天。”

（二）常用的房间计价方式

1. 欧洲式计价法（EP）

单纯的房费，不包含任何其他的费用，为世界上大多数酒店所采用。

2. 美国式计价法（AP）

房费中包括一日三餐的费用，又称“全费用计价方式”，多为远离城市的度假酒店或团体客人所采用。

3. 修正美式计价法（MAP）

房费中包括早餐的费用，还包括一顿午餐或晚餐（二者任选一个）的费用。这种收费方式较适合于普通旅游客人。

4. 欧洲大陆式计价法（CP）

房费中包括欧陆式早餐（Continental Breakfast）的费用。欧陆式早餐主要包括冷冻果汁、烤面包、咖啡或茶。

5. 百慕大式计价法（BP）

房费中包括美式早餐（American Breakfast）。美式早餐除了包含欧陆式早餐的内容以外，通常还包括鸡蛋和火腿或香肠或咸肉等肉类。

（三）预订资料的记录、储存

将预订资料及时、正确地记录和储存，以防疏漏。预订资料一般包括客房预订单、确认书、预付定金收据、预订变更单、预订取消单、客史档案卡及客人原始预订凭证等。预订资料的记录储存可采用下列几种方式，以方便查找：

（1）按客人抵店日期的顺序储存。

（2）按客人姓氏字母的顺序储存。

（3）按客人抵店日期的顺序储存，同一天抵店的客人按姓氏字母的顺序储存。

（4）预订变更单与客人预订单按顺序放在一起，以便了解客人需求的完整信息。

（四）预订的取消与变更

1. 预订的取消与变更的内容

包括抵达日期、退房日期、客房类型、房间数量、人数、付款方式、交通工具、住宿人姓名等。

2. 常见的几种预订变更原因

（1）更改入住时间：客人临时有事不能按预订的时间入住。

（2）更改房间类型：客人不喜欢预订的房间类型。

（3）更改房间数量：客人的人员发生变化。

（4）取消预订：客人因某种原因无法入住。

预订员收到这些信息后，应明确客人的变更要求，灵活运用预订变更的服务程序，以客人满意为服务宗旨积极受理。

3. 对客房保留和取消的规定

（1）临时性预订。

预订员在受理预订时，要问清客人预计到店时间，提醒客人酒店保留客房至当日下午18时以前，逾时酒店有权将房间出租给其他客人。

（2）确认性预订。

预订员应主动向客人说明如果客人错过了商定的预订截止时间而未到店，也未提前通知酒店，在用房高峰期，酒店可以将房间出租他人。

（3）保证性预订。

客人使用现金向酒店支付定金，预订员要向客人说明取消预订、退还定金的时限和金额等政策，并得到客人的认可。如果客人使用信用卡担保，酒店按照国际惯例通过发卡行办理托收，从而减少酒店的经济损失。对于团体订房，酒店应该和用房单位签订合同，并按规定保留客房。用房单位支付定金，并书面通知关于人数、姓名、性别、用房要求等，否则酒店有权取消为该单位保留的客房。

4. 变更处理需要用到的表格

（1）预订变更单：当客人需要变更时，需要填写预订变更单。

表 1－5　预订变更单

更改日期：　年　月　日

姓名		预订号	
公司地址		电话	
联系人		传真	
到店时间		离店日期	
人数		房价	人民币（美元）
客房类型		结账方式	
客房数量			
需付定金			
应付日期			
原预订号			
备注： 经手人：			

（2）取消预订登记本：当客人需要取消预订时，应记录在取消预订登记本上。

表 1－6　取消预订登记本

通知取消日期	预订的种类	原订抵店日期	客人姓名	国籍	取消号	预订号

★ 特别提醒：

若时间允许，所填写变更单需以传真的形式通知客人，确认客人的预订变更。

5. 预订变更服务流程及操作标准

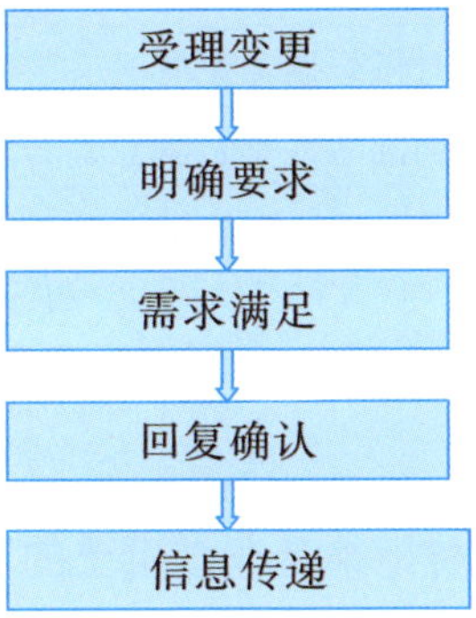

图 1－6　预订变更服务流程

表 1－7　预订变更服务操作标准

流程	操作标准
受理变更	根据客人名字查找该客人的预订资料，确认客人身份，认可客人的权限后，方能受理预订变更。
明确要求	明确客人的变更要求，如更变入住时间、房间类型、房间数量等，甚至取消预订，及时做好变更记录。
需求满足	查看房态，尽可能地为客人提供多种服务方案供其选择，包括推荐同档次其他酒店。
回复确认	与客人确认主要的变更内容，询问客人是否满意，与客人礼貌道别。
信息传递	对于已通知其他部门的预订，要立即给相关部门发送预订变更单；对于取消类预订，应记录在取消预订登记本中。

6. 取消预订服务流程及操作标准

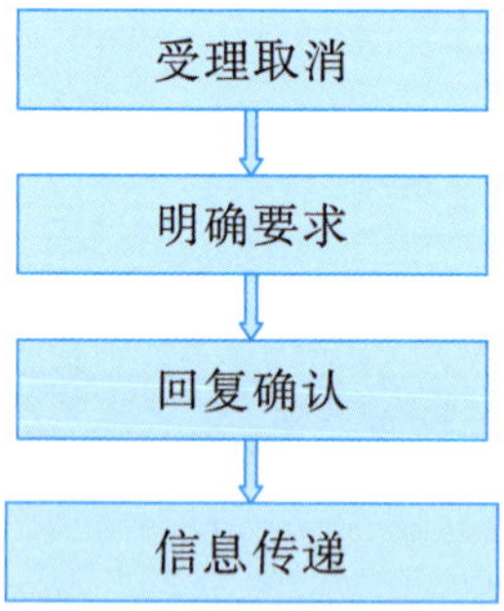

图 1－7　取消预订服务流程

表 1－8　取消预订服务操作标准

流程	操作标准
受理取消	根据客人名字查找该客人的预订资料，确认客人身份，认可客人的权限后，方能受理预订取消。
明确要求	明确客人的取消要求，及时做好取消记录。
回复确认	与客人确认取消的内容，询问客人是否满意，与客人礼貌道别。
信息传递	对于已通知其他部门的预订，要立即给相关部门发送预订取消单，并记录在取消预订登记本中。

（五）婉拒致歉

在客房预订服务中，用建议代替拒绝是非常重要的。婉拒致歉信，不仅可以最大限度地销售酒店产品，而且有助于在客人心目中树立酒店的良好形象。对于书面订房的客人，如果客人不能接受这些建议，应立即礼貌复函，以表歉意。

婉拒致歉信

（　　　　）女士/先生：

由于本酒店（　　　　）年（　　　　）月（　　　　）日的客房已经订满，我们无法接受您的订房要求，深表歉意。

感谢您对本店的关照，希望以后能有机会为您服务。

（　　　　）酒店预订处

（　　　）年（　　　）月（　　　）日

（六）超额预订

1. 超额预订的定义

超额预订是指酒店在一定时期内，有意识地使用其所接受的客房预订数超过其客房接待能力的一种预订情况。其目的是充分利用酒店客房，提高开房率。

2. 超额预订的处理

如果因超额预订而不能使客人入住，按照国际惯例，酒店方面应做到：

（1）诚恳地向客人道歉，请求客人谅解。

（2）立即与另一家同档次的酒店联系，请求援助。同时，派车将客人免费送往这家酒店。

（3）如属连住，则店内一有空房，在客人愿意的情况下，再把客人接回来，并对其表示欢迎（可由大堂副理出面迎接，或在客房内摆放花束等）。

（4）对提供援助的酒店表示感谢。

（5）如客人属于保证性预订，则除了采取以上措施以外，还应视具体情况，为客人提供以下帮助：

1）支付其在其他酒店住宿期间第一夜的房费，或客人搬回酒店后可享受一天免费房的待遇。

2）免费为客人提供一次长途电话或传真，以便客人能够将临时改变地址的情况通知有关方面。

3）次日排房时，首先考虑此类客人的用房安排。大堂副理应在大堂迎候客人，并陪同客人办理入住手续。

（七）预订失约行为的处理

预订失约一般可分为客人失约和酒店失约。如果客人失约可根据酒店对客房保留和取消的规定进行处理。对酒店而言，一旦出现预订失约行为则应妥善、及时地处理，否则会引起客人的极大不满，影响酒店的声誉、形象。当酒店不能为其提供所订客房时，酒店一般可采取以下方法进行处理：

（1）如果有比客人预订标准高的房间，可采取“升格”法，让客人入住高出预订客房的价格的房间。

（2）如果只有比客人预订标准低的房间，则可采取“降格”法，委婉地跟客人商量，通过提供更多的实惠、便利等使客人接受低等级的房间。

（3）店内无法解释时，按照酒店业的常规进行处理，如：

1）致歉、解释，请客人谅解。

2）立即与同等级同类型的其他酒店联系。

3）酒店免费派车送客人前往。

4）免费提供一次或两次长途电话或传真，以便客人将住址改变的事宜通知有关方面。

5）为客人支付在其他酒店住宿第一夜的房费。

6）征求客人意见，做好第二天搬回酒店的工作。

7）继续保留客人的有关信息，以便为客人提供查询服务等。

8）第二天优先安排这类客人的用房，同时做好客人返回的接待工作；大堂副理迎候客人，房内摆放鲜花、水果等。

9）向提供住房援助的酒店致谢，向预订委托人致歉。

（八）“金钥匙”服务

“金钥匙”徽章是国际金钥匙组织的认可标志，两把金钥匙象征着分别打开客人与酒店之间、客人与城市之间沟通的大门。获此徽章的礼宾司将之佩戴在制服翻领的位置，秉承“追求极致，用心服务”的宗旨，时刻关注客人的点滴需求，通过友谊与协作为客人提供更好的服务。金钥匙服务理念如下：

（1）金钥匙服务宗旨是在不违反法律和道德的前提下，为客人解决一切困难；有强烈的服务意识、服务责任和奉献精神，达到“尽管不是无所不能，但也是竭尽所能”的最高服务境界。

（2）常常把提供服务的过程演绎成愉悦客人的过程，把为客人排忧解难的过程提升为令客人喜出望外的过程。

（3）金钥匙的人生哲学是在客人的惊喜中找到富有乐趣的人生。

（4）金钥匙组织的工作口号是“友谊、协作、服务”。

金钥匙徽章

（九）前厅常用英语

1. Useful Expressions

（1） What kind of room would you like to have, single room or double room?

您需要什么样的房间，是单人间还是双人间?

（2） There are single rooms, double rooms, suites in our hotel. Every room is equipped with a bath and a telephone.

在我们酒店里有单人房、双人房、套房，每间房都有浴室和电话。

（3） Is it just for tonight?

只是今天一个晚上吗?

（4） How long will you be staying?

您将要住多久?

（5） What kind of room would you prefer?

您要什么样的房间?

（6） How many guests will there be in your party?

你们一起有几个人?

（7） I'm sorry, I could not book you a room for the (date).

对不起，我无法为您订…… （日期） 的房间.

（8） What time will you be arriving?

您将何时到达?

2. Notes

Room Reservation　客房预订处

fully booked　客满

waiting list　等候名单

single room　单人间

double room　大床间（双人间）

任务准备

一、场地准备

一间能容纳40人的模拟实训室。

二、物品准备

两部直拨分机电话、预订单、笔、相关表格、电脑预订系统及学习卡片等。

三、学生团体组建

请在规定时间（15 分钟）内自行组建 5 个学习小组（8～10 人一组）。分好组后，每组选出组长，并以小组为单位填写表格。

表 1－9　学习小组成员组成表

组名	
组长姓名	
组员姓名	

四、教师下发任务

任务书

1．任务目标

（1）完成认识广府人恳亲大会的含义和收集参加会议的人员情况。

（2）根据案例中五位客人的特点和参加会议的时间，制订电话预订的服务方案并按方案组织实施电话预订的实训。

2．任务要求

（1）在教师的指导和辅助下，以小组为单位收集广府人恳亲大会的资料，了解认识广府人恳亲大会含义和参加会议的人员信息。

（2）按教师的布置，每个小组重点完成对一位客人特点的收集任务，并根据该位客人的特点，制订为该客人完成电话预订的实施方案和预订变更方案并组织完成实施。在制订方案时要注意：

1）各小组学生分成两组，以预订员与客人的身份制订方案，以方便对话训练练习。

2）每小组制订两个方案：一是电话预订服务方案；二是取消或变更预订的方案。

方案训练时间控制在 8 分钟内。

3．活动规则

（1）各组自行做好计划书，明确分工。

（2）活动过程要求必须全体组员参与。

（3）要通过各种形式（照片、视频、漫画、实操演练等）将活动过程记录下来。

（4）任务完成后，要向全班同学汇报，并展示任务的完成过程。

任务实施

一、制订实施方案

认真分析任务，并确定好任务实施方案。

____

____

____

二、确定人员分工

任务实施过程中要明确分工任务，组长要调动组员充分表达不同意见，形成职责清晰的任务分工。

表 1－10　任务分工表

组员姓名	任务分工

三、过程监督

各组成员在任务实施过程中做好过程记录，组长负责监督，全组共同完成。

表 1－11　任务实施过程进度监督表

工作阶段	时间	进度描述	检查情况记录	改善措施以及建议

四、各组成员记录任务实施过程中的困难及收获

困难：____

____

小组成员想到的解决方法：____

本次活动的收获：

五、训练活动记录

每个小组在任务实施过程中，可以把本组操作过程中“规范操作”和“不规范操作”的例子记录下来，以在班内汇报展示中做得更好。

表 1－12　操作记录表

规范操作	不规范操作

六、班内汇报

汇报内容包括对本次任务完成情况的介绍、任务实施过程中遇到的困难和解决的方法、对所收集及观察到的内容的解说等。

小组互评，并对同学的汇报情况做好记录。

表 1－13　汇报情况记录表

组别	汇报情况（包括任务完成情况介绍、过程处理及收集效果等方面）

七、归纳总结

通过本次活动，请以本组练习的情况为例进行对比，说一说哪组的操作规范及步骤最符合要求，为什么？

评价反馈

一、专业技术评价

表 1－14 电话预订技能训练评价表

考评人		被考评人	
考评地点			
考评项目	电话预订技能		
考核内容	考核要点	分值	得分
快速接听客人电话	铃响三声以内接听。	3	
	问候客人。	3	
	报部门，预订处。	3	
记录客人的订房要求	询问客人姓名（中英文拼写）、用房日期、预订数量、房型及天次。	10	
	聆听客人的预订要求，应耐心、认真、仔细，并伴有回应语。	10	
查看电脑房状系统	查看电脑房状系统，了解客房状况，并迅速作出接受或婉拒的预订要求。	10	
	客满时向客人致歉或推荐同档次的酒店。	10	
	现有客房符合客人需求时接受预订。	5	
接受预订	明确答复接受客人预订、付款方式、班次或接机服务等；做好记录并复述。	10	
确认客人的预订要求	复述客人的预订要求，应全面、准确。	6	
填写预订单	预订种类、付款方式；内容正确、全面，字迹清晰、整齐。	10	
向客人表示感谢	向客人致谢，恭候客人的光临。	6	
资料存档	将客人预订信息录入电脑。	5	
	将所有的预订资料整理存档。	9	
总评		100	

注：考核满分为 100 分，90 分及以上为 A；80～89 分为 B；60～79 分为 C；60 分以下为 D。此项训练限时 1 分钟，每超时 5 分钟扣 5 分，超时 15 分钟为不及格。

二、综合能力评价

表 1－15　综合能力评价表

姓名		班级		学号	
任课老师		上课时间	第　　周　　节		
上课地点		小组成员			

学生自评	
	1. 学习态度：优（　　）良（　　）合格（　　）不合格（　　） 2. 参与小组讨论活动情况：优（　　）良（　　）合格（　　）不合格（　　） 3. 掌握知识情况：优（　　）良（　　）合格（　　）不合格（　　） 4. 能力提高程度：优（　　）良（　　）合格（　　）不合格（　　） 本次学习活动表现不足的地方： 本次学习活动需要改进的地方：

自评成绩	优秀		良好		合格		不合格	

老师评价					
出勤情况	请假____天	迟到____次	早退____次	缺勤____次	
分类		评价内容	满分	意见	评分
态度能力	1	考勤纪律情况	5		
	2	学习适应能力	5		
	3	虚心好学态度	5		
	4	任务完成能力	5		
	5	自我管理能力	5		
	6	自我学习能力	5		
专业能力	7	专业知识能力	5		
	8	专业技术能力	5		
	9	知识应用能力	5		
	10	独立操作能力	5		
	11	专业学习能力	5		
	12	发现问题能力	5		
	13	观察判断能力	5		
	14	操作技能水平	5		
方法能力	15	组织策划能力	5		
	16	团体协调能力	5		
	17	沟通交流能力	5		
	18	解决问题能力	5		
	19	语言表达能力	5		
	20	随机应变能力	5		
评价分数合计			100		

成绩评定	优秀		良好		合格		不合格	
老师签名		日期						

思考与练习

一、思考与案例分析

★ 案例一———当面预订

“黄金周”明天就要开始了，酒店里的房间非常紧张，张先生来到某酒店总台替朋友宋先生预订房间。预订员小王通过热情的问候和询问，得知宋先生要在10月3日预订一间标准间，要求房间环境安静。根据房态显示，小王为张先生确认了预订。由于客人较多，小王没有记录客人的具体抵店时间。10月3日18：00，宋先生没有抵店，按照酒店规定，此房间被当值接待员销售给其他客人。当晚18：50，宋先生抵店，此时酒店已经没有房间了。宋先生非常不满，进行了投诉。

李主管了解了情况后，立刻为宋先生联系附近档次相当的酒店客房，并派车把客人送到酒店。李主管告诉小王，接受客人预订时一定要问清客人的具体抵店时间、订房要求及联系方式，以便为客人准备好房间。如果在客人预订时忘记询问客人的抵店时间，可以再通过电话询问客人，这样就不会出现类似问题了。

情景分析

作为预订员，应熟练掌握客房预订的程序及方法。本案例中，预订员小王疏忽了客人的抵店时间，事后又没有及时通过电话询问客人，导致客人无法入住。预订员应严格按照预订的程序与标准操作，以避免类似问题的出现。同时，李主管很好地处理了这个问题，立刻给客人安排好了房间，并告诉小王今后遇到类似的问题应该如何处理。

思考与启示

通过本案例，你学到了：____

____

____

★ 案例二——其他预订方式

预订员小王早班一上岗，就收到一位澳门客人的电子邮件，要求预订两间标准间，时间是从5月1日至7日。小王查看酒店的网络预订系统后，发现5月1日所有的标准间已经预订满，无法满足客人的需求，但他还是马上给客人回了一封电子邮件，建议客人换一种房间类型，并向客人推荐了背街比较安静且方便的套间，同时告知客人住在套间还可以免费洗桑拿，房价只比标准间贵 150 元。第二天，小王就接到了客人预订套间的回信。

同事小刘知道后笑话小王说："你真是认真啊，直接对这个客人说没房间了不就行了，为何这么麻烦!"

小王提供的服务是很好的，遵循了"急客人之所急，想客人之所想"的服务原则。在客房紧张的情况下，小王并没有放弃销售，而是建议客人更换房间类型，并把套间的种种优惠告诉客人，这才吸引了客人，留住了客人。既满足了客人住宿的需求，又增加了酒店的客源，真可谓一箭双雕，小王堪称一位优秀的服务员。但小刘只顾给自己减轻工作负担，把客人一推了之，客人不仅会感觉失望，也会觉得此酒店的服务不细致。

现代酒店管理之父斯塔特勒曾经说过："酒店只销售一样产品，那就是服务。"而服务又是一种情感产品。

通过本案例，你学到了：____

____

____

二、思考与拓展训练

预订变更对话实施方案（以小组为单位进行训练）

预订员：您好，国际酒店预订处。

客人：您好，大连阳光会议中心。上星期做的预订需要更改内容。

预订员：好的。请问预订的抵店时间？

客人：7 月 2 日。

预订员：好的，请稍等……请问您需要更改的内容是什么？

客人：会议再增加 6 个人。

预订员：好的，也就是再增加三个标准间，是吗？

客人：对。

预订员：好的，还有其他要求吗？

客人：没有了。

预订员：谢谢您能及时通知我们。您是上次做预订的王先生吗？

客人：是的。

预订员：谢谢您，再见！

客人：再见！

预订取消对话实施方案（以小组为单位进行训练）

预订员：您好，国际酒店预订处。
客人：您好，我于上星期五预订的房间，现在要取消预订。
预订员：能否告诉我预订的抵店日期、离店日期，还有住店客人姓名？
客人：原订 6 月 1 日到店，预住 3 天，客人姓名是王 × ×。
预订员：好的，请您稍等……请问怎么称呼您，还有您的电话号码？
客人：李 ×，8585 × × × ×。
预订员：谢谢。您是否需要做下一阶段的预订？
客人：暂时不用。
预订员：好的，谢谢您能及时通知我们，再见！
客人：再见！

学习活动 2　礼宾迎送服务

●学习目标

1. 能完成到车站、机场、码头的接车、接机、接船的接待服务；
2. 能灵活处理客人抵店、离店时的行李服务；
3. 能完成引领客人入住和送客人离店的礼仪服务。

学习任务

1. 组建学习小组。

2. 根据前来参加广府人恳亲大会的五位客人的预订情况，学习各岗位的迎送客人服务技能和服务意识，并能为客人提供迎送服务。

任务引入

阅读下面的案例，回答后面的问题。

【案例】

广府人恳亲联谊会委员会拟在2013年12月23日至25日在广州市广东大厦召开首届世界广府人恳亲大会，现有几位客人已提前预订了客房，其中来自新加坡的一对年约六旬的夫妇将于2013年12月22日下午15时乘飞机抵达广州白云机场，并要求酒店到机场接机，2013年12月26日上午9时的航班，要求送机；来自加拿大45岁的成功商界人士，将于2013年12月22日中午13时自行来到酒店，2013年12月25日晚自行离开酒店；来自新西兰的一对30岁的新婚夫妇将于2013年12月22日下午18时点自行到达酒店，2013年12月26日下午14时的航班，自行去机场；来自香港的38岁客人一家三口于2013年12月22日下午16时乘快艇到达黄埔港码头，要求酒店派车到码头接车，并于2013年12月27日上午10时到达广州东站乘车回港，要求酒店派车送达广州东站；来自澳门的未婚女士将在2013年12月22日上午12时到达广州东站，要求接车，并于2013年12月26日下午16时到达黄埔港码头乘船，要求酒店派车送达码头。

◇思考与启发

当机场代表到机场码头迎接客人时应提前做好：每天应掌握预抵店客人名单；及时向总台预订处索取客人接车通知单，了解客人的姓名、航班（车次）到达时间、车辆要求及接待规格等情况；根据客人接车通知单安排车辆、准备酒店标志牌，做好各项准备工作；同时，及时了解航班变更、取消或延迟的最新消息，并通知酒店总台接待处。

★想一想：根据客人预订的接待要求，礼宾处需提前与哪些部门沟通，方有利于做好客人抵达时的迎宾接待服务？

____

____

____

任务布置

学生8~10人一组。以小组为单位，围绕几位客人的抵店情况，制订接待零散（或VIP）客人的迎送方案，并完成客人抵离店时的迎送及行李的存取服务实训。

知识链接

酒店大堂迎宾

一、礼宾处机构图

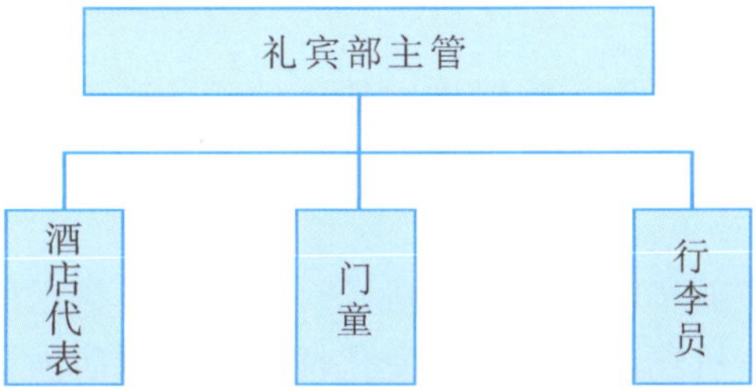

图 1－8　礼宾处机构图

二、礼宾处主要岗位职责

1. 礼宾处主管

（1）向前厅部经理负责，以身作则，保证班组员工能认真执行酒店各项规章制度。

（2）负责大厅服务台及行李房的一切对客服务活动，最大限度地为客人提供满意的服务，确保大厅服务工作的正常运转。

（3）调查并处理涉及本组工作的客人投诉。

（4）与出租汽车公司保持密切的联系，确保优质服务。

（5）确保各类报表、客人邮件传递准确、及时。

（6）定期安排检修所属设备，使之保持良好的工作状态。

（7）督促门童、行李员、酒店代表在仪表仪容、行为举止、服务用语等方面达到酒店要求。

（8）负责对本班组的员工进行排班、考核和评估。

（9）完成部门经理交办的其他业务。

2. 门童

（1）为进出店客人提供服务，如开车门及大门。'

（2）密切配合车管人员的工作，保证车道畅通无阻。

（3）协助行李员，为进出客人提供行李搬运服务。

（4）注意大门口的灯光照明及环境清洁，发现问题及时汇报。

（5）遇到雨雪天气为客人存放雨具。

（6）发现形迹可疑的人员进出大厅，及时汇报。

（7）回答客人的问讯。

（8）完成上级安排的其他任务。

3. 行李员

（1）负责进出店散客、团体客人行李的搬运工作。

（2）提供普通行李寄存服务，确保寄存行李的安全。

（3）引领客人进客房，并根据情况向客人介绍酒店的服务设施和客房设备。

（4）办理委托代办服务。

（5）投递留言、信件以及各类报表。

（6）外出寄信、取报等。

（7）提供呼唤找人服务。

（8）负责行李房的清洁工作，确保本组使用的设备和用具处于良好的状态。

（9）完成上级安排的其他工作。

4. 酒店代表

（1）预订车辆，并跟随车辆到车站、机场、码头提供接送服务。

（2）随时注意车站、机场、码头交通变化情况，与酒店前台保持联系。

（3）完成上级安排的其他工作。

三、礼宾处的礼仪要求

表 1-16　礼宾处要求

项目	重点	标准
仪容仪表	着工装	整洁得体、纽扣齐全
	发式、面容、饰物	整齐、无头屑，男服务员发不盖耳，不留胡须，女服务员化淡妆，佩戴饰物符合岗位规定
	服务牌	佩戴在外衣左上方
	皮鞋（布鞋）	黑色，洁净、光亮

（续上表）

项目	重点	标准
站姿	体态	保持身体正直、微挺胸、收腹
	双肩	双肩平齐、自然放松
	目光	平视正前方，不低头
	双臂、双手	双肩自然垂下，双手可背后或于腹前相握
	双脚	男服务员双脚并拢或微叉，不超过 20 厘米；女服务员双脚并拢或呈“V”形
坐姿	上身	保持正直，微挺胸
	双肩	自然放松、平齐
	椅子部位	坐在 2/3 处
	双膝	男服务员展开不超过肩宽；女服务员双膝并拢
	两手	相握于腹前或平放膝上
	双脚	男服务员双脚并拢或微叉；女服务员双脚并拢或呈“V”形
行姿	上身	保持正直，微挺胸
	头部、双肩	不摇头晃肩，自然放松
	目光	平视正前方，不低头
	双臂	自然伸直、放松，上臂带前臂
	步幅	男服务员步幅 40 厘米，女服务员步幅 30 厘米

四、迎送宾客的服务

每天上班伊始，礼宾处主管就要认真阅读、分析预订处和接待处送来的“当日预计抵店客人名单”和“当日预计离店客人名单”，以便掌握当日客人的进出店情况，做好工作安排。在以上两个名单中，尤其要注意 VIP 客户和团体客人的抵离店情况，以便做好充分准备。礼宾处主管应安排好当班人员，召开班前准备会并向当班人员通报客情。

迎送宾客服务主要由门童（Doorman）、行李员（Bellboy）、酒店代表（Airport representative）等完成，其中门童、行李员主要负责店内迎送服务，酒店代表主要负责店外迎送服务。

（一）店外迎送服务

1. 店外迎送服务内容

店外迎送服务主要由酒店代表负责。酒店在车站、机场、码头等地设点，派出代表为抵离店客人提供迎接和送行服务，同时争取未预订客人入住本酒店。酒店代表是客人所见到的第一位酒店服务人员，他的仪容仪表、行为举止、服务效率会给客人留下深刻的印象，因此店外迎送服务不仅是酒店的一种配套服务，更是酒店开展市场营销活动重要的一环。

2. 需要用到的表格

表 1－17 接站通知

到站时间：2013/2/21 17：00
航班：大连—北京 CZ6125
团体名称：中旅 COS118
领队姓名：陈铭先生 电话：159×××
团体人数：38 人（男：18 人 女：20 人）
订房类型：标准间 订房数量：20 间
其他：该团在本店宴会厅预订晚宴，18：30 用餐

2013/2/20 9：00 国际酒店预订处

表 1－18 任务单

部门：
时间：____________ 航班：____________
客人姓名：____________ 电话：____________
人数：____________
请安排车辆并于____________（时间）出车，请行李员随车一起前往机场。

2013/2/20 9：00 国际酒店礼宾处

3. 店外迎送服务流程及操作标准

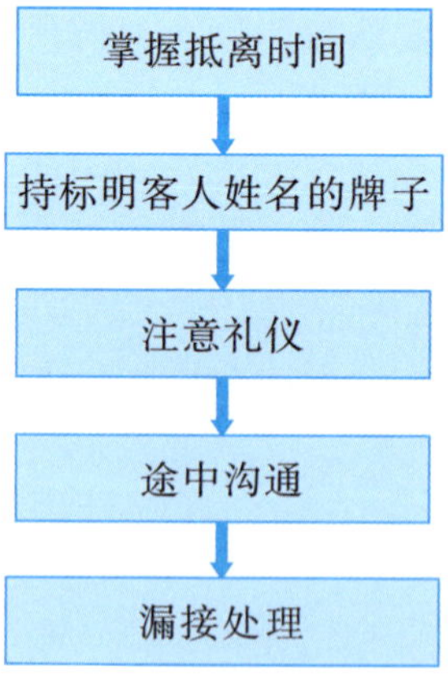

图 1－9 店外迎送服务流程

表 1－19　店外迎送服务操作标准

流程	操作标准
握抵离时间	迎送人员必须准确掌握客人乘坐的飞机、火车、船舶抵离时间，如有变化，应及时通知。接站一般要在航班、火车、轮船到达前 15 分钟赶到，送行则应在客人登机、登船、登车之前抵达，提前代办各种手续。
示明客人姓名的店提示牌	如接不认识的客人，最好举个小牌子，小牌子上面写道“××先生（小姐）热烈欢迎你”等字样，既便于找到客人，又能给客人留下美好的印象。
意礼仪	接到客人后，应代表酒店对客人表示欢迎，同时提供行李服务，安排客人乘坐酒店的 Shuttle Bus。上车时，客人最好从右侧门上车，迎送人员从左侧门上车，避免从客人座前穿过。遇客人先上车，坐到了迎送人员的位置上，不必请客人挪动位置。
沟通	Shuttle Bus 启程奔赴酒店的同时，电话通知总台接待处，以便做好准备工作；如果客人属贵宾，则应通知酒店大堂副理，并告知客人出发的时间，请其安排有关部门做好迎接工作。
处理	如果发生漏接，应及时与总台接待处联系，查核此客人是否已经到达酒店，并向有关部门反映情况，以便采取弥补措施。

（二）门童迎送服务

1. 门童迎送服务的内容

门童通常站在酒店大门内、外侧或台阶上，协助客人上、下车，为客人提供拉门服

门童的主要服务内容如下：

（1）为进出店客人开启车门的服务。

1）站在指定位置，精神饱满，注意力集中。

2）看见车辆驶进酒店，门童应使用规范手势，示意司机停在指定地点。等车停稳后，迅速上前为客人开启车门；左手拉开车门，右手挡在车门框上沿，为客人护顶，以免碰到头部。

【特别提醒】有两种客人不能护顶：一种是佛教徒，另一种是伊斯兰教徒。门童可根据客人的穿着、言行举止、外貌和预订情况来判断是否属于以上两种人。如无法判断，则可以把右手抬起，而不护顶，但随时做好保护客人的准备。

3）开车门时，原则上先女宾后男宾。若无法判断，则先开车后门。

4）向客人问好，表示欢迎或道别，对知道姓名的常客和贵宾，应以姓氏称呼。

5）关门时，提醒客人清点行李，并避免车门夹到客人。特别留意出租车车座上是否有遗留物品。

6）示意行李员上前为客人搬运行李，必要时应协助行李员一起搬运。

7）站立在车门一侧迎接客人，主动点头致意、问候，搀扶行动不便的客人。对于货车及客货两用车则一般不提供开车门的服务。

8）协助老、弱、病、残、幼上下车，必要时使用酒店的轮椅。

9）若客人乘坐出租车，门童应记录出租车车牌号，备查。

10）如客人属贵宾，则应按酒店既定接待规格进行迎接。

开车门服务

（2）为进出店客人拉大门的服务。

1）站在大门一侧，精神饱满，注意力集中。

2）看见客人走到大门前 2～3 米处的位置，主动拉开大门扶稳，一手拉门，一手背在身后。

3）面带微笑，问候客人或道别。

4）在没有客人进出时，一般应保持大门的关闭状态。

5）遇客人行李较多时，应主动帮助提拿或招呼行李员前来协助。

6）如酒店大门为自动门或旋转门，则不必拉门，但应注意客人进出的情况，防止意外事故发生。

（3）完成其他日常服务。

1）维护大厅外环境，看见地上有脏的小物品或污迹，应立即捡起投入垃圾筒或通知保洁人员予以清除。

2）接受雨具寄存：雨天，为避免客人将湿的雨具带入大厅，应确保为所有进出客人存放雨具。将雨伞存放在架上，钥匙交客人妥善保管。

3）安全工作：协助保安部做好安全工作。注意门前进出往来客人，发现可疑人员应立即汇报。

4）问讯工作：门童应熟悉店内外基本情况，礼貌回答客人问讯。

5）指挥疏导门前交通：协助车管人员，及时疏导车辆，保证车道畅通无阻。

6）安排出租车：门童应为有需要的客人安排出租车。对不熟悉当地环境的客人，问清客人所去目的地，并将客人的要求告诉司机，然后将写有车牌号的出租车意见卡交给客人，并说明用途。

2. 门童迎送服务流程及操作标准

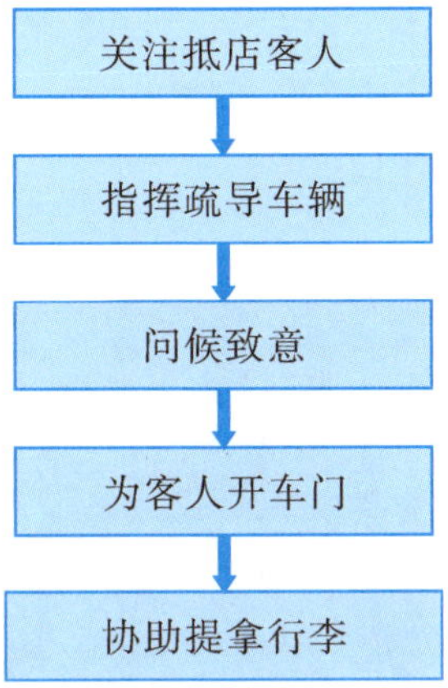

图 1－10　门童迎送服务流程

表 1－20　门童迎送服务操作标准

流程	操作标准
关注抵店客人	①着装整齐：衣、帽、饰物等。 ②双脚并靠拢，身体挺直，双手自然下垂。 ③站立在大门正中，台阶黄线后。
指挥疏导车辆	①身体挺直，向前伸右臂成45°，示意抵店车辆，指挥其在指定地点停靠。 ②疏导门前停车场车辆，维持酒店门前秩序。
问候致意	①问候客人，面带微笑。 ②表示致意，态度热情。 ③做示意性拉门动作，向客人表示欢迎。
为客人开车门	①只需开一个车门时，待车停稳后迅速至车门边，左手掌心向上拉车门至全部开启位置，同时伸右手，手心向下挡在门框下沿，做护顶动作，并向客人表示问候。 ②需开两个以上车门时，待车停稳后至两门中间，伸双手同时打开前后门至全部开启位置，身体迅速移至前门前方左手拉门把，伸右手掌心向下挡在门框下沿，做护顶动作，并向客人表示问候。 ③注意观察、判断客人身份，如果客人是穆斯林或佛教徒，做护顶动作是忌讳的。
协助提拿行李	①示意行李员为乘车抵店的散客提拿行李。 ②协助团体客人提拿行李。

（三）行李员服务

1. 行李员服务内容

酒店的行李服务由前厅部的行李员负责提供，其工作岗位是位于酒店大堂一侧的行李服务处（礼宾处）或电梯旁、总台前，所处位置应使客人很容易发现。同时让行李员便于观察客人抵、离店时的进出情况，易于与总台协调联系。行李服务是前厅部向客人提供行李搬运和行李寄存等服务，同时行李员又是酒店接待客人的重要角色。客人抵店和离店不仅需要提拿、托运行李，还需要引领介绍、回答咨询，行李员应及时、准确地向客人传递其所需要的信息，给予客人恰当的建议。

等待 Check out

酒店门童

之一

之二

之三

之四

之五

行李服务

2. 行李员使用的表格

所需表格主要有散客进店行李登记表、散客离店行李登记表和离店领取行李单。

表 1－21　散客进店行李登记表

日期：

房号	行李员姓名	进店时间	行李员返回到达店时间	行李件数	备注

制表人：

表 1－22　散客离店行李登记表

日期：

房号	收取行李行李员姓名	收到行李时间	客人离店时间	送客离店行李员姓名	备注是否结账	行李存放卡号码	行李件数	车号

制表人：

表 1－23　客人离店领取行李单

姓名 Name：

序号 RM. No.：

日期 Date：　　时间 Time：

Cashier：

钥匙	Room Key
归还	Returned
是否	Yes　No

到大厅服务处提取行李时，请出示此卡。

Please hand this card to collect your BAGG.

感谢您的光临，希望再有机会为您服务。

We look forward to your next stay with us.

THANK YOU

HOTEL × ×

3. 散客抵店时的行李服务流程及操作标准

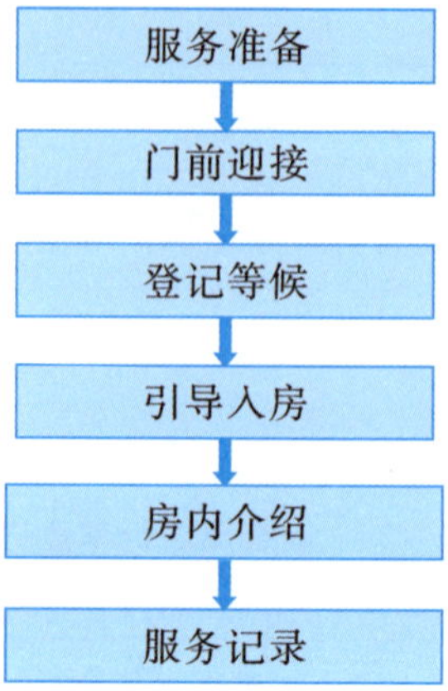

图 1－11　散客抵店时的行李服务流程

表 1－24　散客抵店时的行李服务操作标准

流程	操作标准
服务准备	身着制服，精神抖擞地站在门童身旁或门口一侧，按酒店要求检查仪表仪容是否得体，时刻注意礼节、礼貌、言谈举止符合规范要求，注意观察来往的车辆和客人。
门前迎接	①行李员主动迎接抵达酒店的客人，为客人打开车门，并致以亲切问候“您好/下午好”等等。 ②从出租车内取出客人行李（如有易碎贵重物品应妥善搬运），请客人确认行李件数，以免遗漏。 ③迅速引导客人走进店门，到前台进行入店登记。引领客人时，走在客人左前方，距离 2 ~ 3 步，步伐与客人保持一致。遇客人多或拐弯时，应招呼引领。
登记等候	行李员引领客人至前台，把行李放置在离前台 4 米外，系好本店行李牌，手背后直立站在行李后方，直到客人办理完毕全部入店手续。对于住在豪华楼层的客人，需引领客人至豪华楼层办理入店手续。请客人在登记台前入座，退后 3 ~ 4 米，站立等候客人办完手续。
引导入房	①识别住房：客人办理完毕入店手续后，行李员从前台服务员手中接过客房钥匙，将房间号码登记在行李牌上；如果几位客人同时入店，应在办理完手续后，请每位客人逐个确认行李，在行李牌上写清客人的房间号码，并礼貌地告诉客人在房间等候，然后迅速将行李送入房间。 ②行进服务：引导客人至电梯厅，并在途中向客人介绍酒店设施和服务项目，使客人初步了解酒店，然后按叫电梯；电梯到，请客人先进电梯间，并为客人按下相应示意键，然后将行李提进电梯间，靠边放置。电梯运行期间，继续向客人介绍酒店有关情况，回答客人问讯。电梯到达目的地楼层后，请客人先走出电梯，行李员随后赶上，走在客人之前引领客人进入客房。

（续上表）

流程	操作标准
房内介绍	①规范进房：引导客人到达房间，把行李放在门外左侧并简短地向客人介绍紧急出口及客人房间在酒店内的位置。开门之前，要先按门铃或敲门，通报服务身份后，再用钥匙开门，必要时要向客人介绍如何使用钥匙卡开门。把钥匙插入开关内，打开电源总开关，退至房门一侧，请客人先进入房内，并介绍电源开关。 ②放置行李：将行李放在行李架上或按客人吩咐放好，房间钥匙交还给客人。注意：行李车不能推进房间。 ③介绍情况：向客人介绍如何使用电视和收看各频道节目，以及酒店内提供的节目；向客人介绍空调、收音机、床头灯开关等电器设备设施；告知客人写字桌上有酒店介绍，以便客人更多地了解酒店服务信息；向客人介绍小酒吧，并提醒客人注意放在酒吧上的价格表；向客人介绍卫生间内设施，提醒客人注意电源的使用；向客人介绍洗衣服务。 ④征求意见：如果客人对房间不满意，应立即致歉，并与总台联系，为客人换房。 ⑤礼貌离房：介绍完毕，询问客人是否还有其他要求，最后祝愿客人居住愉快，面向客人后退礼貌离开，并轻轻带上房门。注意：如果客人不需要过多介绍或以前住过本店，则简单介绍或不介绍。
服务记录	①离开房间后，由员工通道返回前厅，登记房号、行李件数、客人入店时间。 ②如遇早到而暂时无法进入房间的客人，应该将行李放在行李台旁，代客人保管，并标明“入店”字样，待客人房间安排好后，再送入房间。 ③如果客人没有进入房间而由行李员直接将行李送入房间，需注明“开门”。

4. 散客离店时的行李服务流程及操作标准

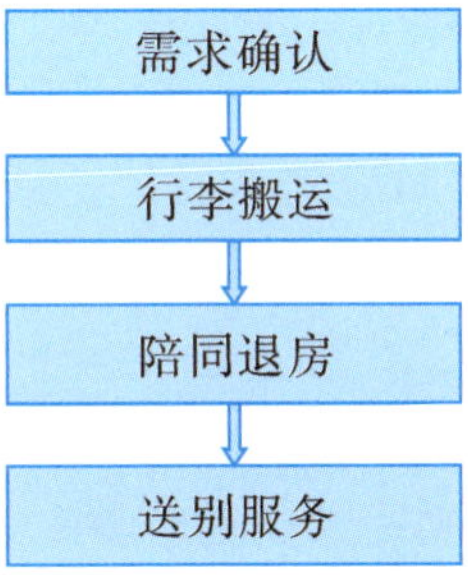

图1－12　散客离店时的行李服务流程

表 1-25 散客离店时的行李服务操作标准

流程	操作标准
需求确认	经总台对客人离店进行确认，或根据客人的要求，服务人员做好行李服务记录，确认房号、姓名、行李件数及搬运时间。
行李搬运	①规范进房：按时到达指定的房间，按门铃或敲门，通报服务身份行李员（Bell Boy），经客人允许后开门入房。 ②搬运行李：与客人共同清点行李，检查有无破损，然后与客人礼貌道别，迅速搬运行李离开房间；如果客人要求与行李一同离开，应协助检查并提醒客人不要有物品遗漏，离开时轻轻关上房门。
陪同退房	行李员引领客人至前台，把行李放置在离前台 4 米外，手背后直立站在行李后方，直到客人办理完退房手续。对于住在豪华楼层的客人，需引领客人至豪华楼层办理退房手续。请客人在登记台前入座，退后 3～4 米，站立等候客人办完手续。
送别服务	①叫出租车：为客人叫出租车，会同客人清点行李，并进行行李装车服务。 ②送别客人：为客人提供司门服务，并用敬语送别客人，站在车前 1.5 米处与客人挥手道别，目送客人离去。 ③服务记录：回到前厅，登记房号、行李件数、客人离店时间。

5. 行李员技能训练

（1）开车门的先后次序。

在为轿车开车门时，要先为尊者服务。常见情况如下：

1）如果车内除司机外，只有前排或后排有客人，开右门即可。

2）双排座或三排座的小型轿车，如果由专职司机驾驶，通常以后排为上，前排为下；以右为尊，以左为卑。所以，开车门时应先右后位，最后右前位。

3）多排座的中型车，不需要提供开车门服务，迎宾员在车门口欢迎客人即可。

4）一般情况下优先顺序为女宾、外宾、老人。

（2）开车门的姿态要求。

1）动作：车停稳，立即上前，确定开门的位置；左手将车门打开 70°左右，右手挡在车框上沿，掌心向下。客人下车后关门。

2）表情：面带微笑。

3）眼神：保持与客人有眼神的交流。

4）姿态：身体略前倾。

5）语言："先生/小姐，早上好/下午好/晚上好，欢迎光临××酒店。"

6）态度：热情、礼貌。

（3）进电梯服务操作规范。

电梯抵达后，行李员应站在电梯一侧，用手扶好电梯门，以礼貌用语和手势请客人先进，然后行李员提拿行李进入，站到电梯升降控制盘一侧，行李置于不影响客人处。电梯升降途中，遇其他客人进出，应主动服务，为其提供便利。当电梯抵达目的楼层，应及时控制电梯，礼貌提醒客人离开电梯。

（4）引领客人进房的操作规范。

先引导客人到达房间，把行李放在门外左侧，并简短地向客人介绍紧急出口以及客人房间在酒店内的位置。开门之前，要先按门铃或敲门，通报服务身份后，再用钥匙开门。必要时要向客人介绍如何使用钥匙卡开门，将门推开30°后，再通报服务身份，以确保服务准确无误。进房后立即把钥匙卡插入开关内，打开电源总开关，退至房门一侧，请客人先进入房内，并介绍电源开关。将行李放在行李架上或按客人吩咐放好，房间钥匙交还客人，然后进行房间介绍的服务。注意：行李车不能推进房间。

进房服务

（5）行李送房的进房规范。

在进入楼层后，应将行李放在门左侧，轻轻敲门三下报出 Bell Service。客人开门后，主动向客人问好，固定房门，把行李送入房间内，待客人确认后方可离开。注意与客人做好行李的交接，避免服务时出现差错。

（6）与客人沟通的服务语言技巧。

酒店代表在服务过程中要满足客人多样化、不可预知的需求，只有服务的满腔热情、真心诚意和尽心尽力是不够的，要求每一名员工以客人需求为中心，研究客人的需求规律，掌握与客人有效沟通的技巧，实现满意、超值和惊喜服务。服务语言沟通应遵循尊重性、准确性、适应性和简明性原则，才能与客人进行有效的沟通。

1）尊重性。服务语言做到以客为尊、以礼敬人、以诚感人，使客人感到服务的真诚与尊重。

2）准确性。服务人员应准确地进行角色定位，代表酒店服务于客人，并正确对待服务对象，准确理解客人需求。

3）适应性。服务语言能够让在场所有客人均能够准确领会，即客人适应服务语言；服务语言能够主动适应特定的语言环境，即适时、适地、适人、适情、适度。

4）简明性。服务语言尽量说得简明、有条不紊，客人一听就明白。

五、礼宾常用的英语

1. Useful Expressions

(1) May I help you with your luggage, sir?

先生，让我来帮您拿行李，好吗?

(2) Just a moment, please. I'll bring a luggage cart.

请稍等一下，我去推一辆行李车来。

(3) Don't worry, sir. Your luggage will be sent up at once.

先生，别担心，您的行李很快就会送上去的。

(4) When you check out, please call number 1218 and we'll help you with your luggage immediately.

如果您要离店，请拨打电话 1218，我们会马上帮您运送行李的。

(5) Taxi service is available all day in our hotel.

酒店的出租车全天提供服务。

(6) Could you make sure that your bags are packed before you leave?

请您在离开前确定行李收拾好了没有?

(7) As a hotel policy, the overnight luggage has to be checked, sir. Would you mind me going through them?

根据规定，过夜行李必须接受检查，请让我看看您的行李好吗?

(8) I'm afraid we can not accept perishable goods here.

恐怕我们不保管易腐坏物品。

(9) According to regulations, we don't accept food, combustible, valuable and breakable objects.

根据规定，食品、易燃品、贵重物品和易碎物品都不保管。

(10) This is the peak season. I'm very sorry, but could you call us again later on this week? Maybe we have a cancellation.

现在是旅游旺季，很抱歉，请您在这周后几天再打电话过来，也许会有人取消预订。

(11) There is a ten percent discount for a group reservation.

团体预订可以有 10% 的优惠。

(12) There is a minimum price for off – season stay and a maximum price for peak – season stay.

淡季有个最低租金，旺季有个最高租金。

(13) I'm afraid our hotel is fully booked on that night.

恐怕那晚我们酒店全预订满了。

2. Notes

After you, sir.　　先生，您先请。

Bell Captain　　大堂（服务员）领班

Bell Captain's Desk　大堂服务处，大堂行李房
pick up service　接站服务
shuttle bus　穿梭巴士
name tag　行李牌
suite　套间
standard room　标准间
a twin - bed room　一间带两张单人床的房间，即一间标准房
deluxe suite　豪华间
a room with a front view　窗户临街的房间
a room with a rear view　窗户背街的房间
room availability　客房预订情况
reservation record　预订、记录
travel agent　旅游代理商
special package plan　专项包价

任务准备

一、场地准备

一间能容纳 40 人的模拟实训室。

二、物品准备

行李车、笔、服务记录簿、相关表格。

三、学生团体组建

请在规定时间（15 分钟）内自行组建 5 个学习小组（8 ~ 10 人一组）。分好组后，每组选出组长，并以小组为单位填写表格。

表 1 - 26　学习小组成员组成表

组名	
组长姓名	
组员姓名	

四、教师下发任务

任务书

1. 任务目标

（1）根据五位不同客人抵离店的时间和方式，制定不同岗位的迎送方法。

（2）根据制定的五位不同客人不同岗位的迎送方法，练习店内迎送、店外迎送及行李服务。

2. 任务要求

（1）在教师指导和辅助下，以小组为单位完成五位客人的店内外迎送及行李服务的操作方案的制订。

（2）按教师的布置，每个小组重点对一位客人的抵离店制订迎送及行李服务的接待实施方案。在制订实施方案时要注意：

1）各小组学生分成三对，一对是门童与客人，一对是店外代表与客人，一对是行李员与客人。

2）每组制订 2 ~3 个方案。方案一：根据客人的抵离店时间和到店方式制订门童的迎送客人的实施方案并组织训练；方案二：根据客人的抵离店时间和到店方式制订店外迎送客人的实施方案并组织训练；方案三：根据客人的抵离店时间和到店方式制订行李服务的实施方案并组织训练。

3）每一方案的训练时间控制在 10 分钟内。

3. 活动规则

（1）各组自行做好计划书，明确分工。

（2）活动过程必须全体组员参与。

（3）要通过各种形式（照片、视频、漫画、实操演练等）将活动过程记录下来。

（4）任务完成后，要向全班同学汇报，并展示任务的完成过程。

任务实施

一、制订实施方案

认真分析任务，并确定好任务实施方案。

____

____

____

二、确定人员分工

任务实施过程中要明确分工任务，组长要调动组员充分表达不同意见，形成职责清晰的任务分工。

表 1－27 任务分工表

组员姓名	任务分工

三、过程监督

各组成员在任务实施过程中做好过程记录，组长负责监督，全组共同完成。

表 1－28 任务实施过程进度监督表

工作阶段	时间	进度描述	检查情况记录	改善措施以及建议

四、各组成员记录任务实施过程中的困难及收获

困难：____

____

小组成员想到的解决方法：________________________________

____

本次活动的收获：______________________________________

____

五、训练活动记录

每个小组在任务实施过程中，可以把本组操作过程中的“规范操作”和“不规范操

作”的例子记录下来，以在班内汇报展示中做得更好。

表 1－29　操作记录表

规范操作	不规范操作

六、班内汇报

汇报内容包括对本次任务完成情况的介绍、任务实施过程中遇到的困难和解决的方法、对所收集及观察到的内容的解说等。

小组互评，并对同学的汇报情况做好记录。

表 1－30　汇报情况记录表

组别	汇报情况（包括任务完成情况介绍、过程处理及收集效果等方面）

七、归纳总结

通过本次活动，请以本组练习的情况为例进行对比，说一说哪组的操作规范及步骤最符合要求，为什么？

____

____

____

评价反馈

一、专业技术评价

表 1－31　散客抵店时的行李服务训练评价表

考评人		被考评人	
考评地点			
考评项目	散客抵店时的行李服务技能		
考核内容	考核要点	分值	得分
服务准备	身着制服，精神抖擞地站在门童身旁或门口一侧。	5	
	按酒店要求检查仪表仪容是否得体，时刻注意礼节、礼貌，言谈举止符合规范要求，注意观察来往的车辆和客人。	5	
门前迎接	①行李员主动迎接抵达酒店的客人，为客人打开车门，请客人下车，并致以亲切问候“您好/下午好”等等。	5	
	②行李服务从出租车内取出客人行李（如有易碎贵重物品应妥善搬运），请客人确认行李件数，以免遗漏。	5	
	③引领入店迅速引导客人走进店门，到前台进行入店登记。引领客人时，走在客人左前方，距离 2～3 步，步伐与客人保持一致。遇客人多或拐弯时，应招呼引领。	5	
登记等候	①行李员引领客人至前台，把行李放置在离前台 4 米外，系好本店行李牌，手背后直立站在行李后方，直到客人办理完毕全部入店手续。	5	
	②对于住在豪华房楼层的客人，需引领客人至豪华房楼层办理入店手续。请客人在登记台前入座，退后 3～4 米，站立等候客人办完手续。	5	
引导入房	①识别住房：客人办理完毕入店手续后，行李员从前台服务员手中接过客房钥匙，将房间号码登记在行李牌上；如果几位客人同时入店，应在办理完手续后，请每位客人逐个确认行李，在行李牌上写清客人的房间号码，并礼貌地告诉客人在房间等候，然后迅速将行李送入房间。	5	
	②行进服务：引导客人至电梯厅，并在途中向客人介绍酒店设施和服务项目，使客人初步了解酒店，然后按电梯。电梯到，请客人先进电梯间，并为客人按下相应示意键，然后将行李提进电梯间，靠边放置，继续向客人介绍酒店有关情况，回答客人问讯。	5	
	③电梯到达目的地楼层后，请客人先走出电梯，行李员随后赶上，走在客人之前引领客人进入客房。	5	

（续上表）

房内介绍	①规范进房：引导客人到达房间，把行李放在门口外左侧并简短地向客人介绍紧急出口及客人房间在酒店内的位置，开门之前，要先按门铃或敲门，通报服务身份后，再用钥匙开门，必要时要向客人介绍如何使用钥匙卡开门，立即把钥匙插入开关内，打开电源总开关，退至房门一侧，请客人先进入房内，并介绍电源开关。	10	
	②放置行李：将行李放在行李架上或按客人吩咐放好，房间钥匙交还给客人。注意：行李车不能推进房间。	5	
	③介绍情况：向客人介绍如何使用电视和收看各频道节目，以及酒店内提供的节目；向客人介绍空调、收音机、床头灯开关等电器设备设施；告知客人写字桌上有酒店介绍，以便客人更多地了解酒店服务信息；向客人介绍小酒吧，并提醒客人注意放在酒吧上的价格表；向客人介绍卫生间内设施，提醒客人注意电源的使用；向客人介绍洗衣服务。	10	
	④征求意见：如果客人对房间不满意，应立即致歉，并与总台联系，为客人换房。	5	
	⑤礼貌离房：介绍完毕，询问客人是否还有其他要求，最后祝愿客人居住愉快，面向客人后退礼貌离开，并轻轻带上房门。注意：如果客人不需要过多介绍或以前住过本店，则简单介绍或不介绍。	5	
服务记录	①离开房间后，由员工通道返回前厅，登记房号、行李件数、客人入店时间。	5	
	②如遇早到而暂时无法进入房间的客人，应该将行李放在行李台旁，代客人保管，并标明“入店”字样，待客人房间安排好后，再送入房间。	5	
	③如果客人没有进入房间，而由行李员直接将行李送入房间，需注明“开门”。	5	
总评		100	

注：考核满分为100分，90分及以上为A；80～89分为B；60～79分为C；60分以下为D。此项训练考核限时10分钟，每超过1分钟扣5分，超过3分钟成绩为D。

二、综合能力评价

表 1－32　综合能力评价表

<table>
<tr><td>姓名</td><td></td><td>班级</td><td></td><td>学号</td><td></td></tr>
<tr><td>任课老师</td><td></td><td>上课时间</td><td colspan="3">第　　周　　节</td></tr>
<tr><td>上课地点</td><td></td><td>小组成员</td><td colspan="3"></td></tr>
<tr><td rowspan="2">学生自评</td><td colspan="5">1. 学习态度：优（　）良（　）合格（　）不合格（　）
2. 参与小组讨论活动情况：优（　）良（　）合格（　）不合格（　）
3. 掌握知识情况：优（　）良（　）合格（　）不合格（　）
4. 能力提高程度：优（　）良（　）合格（　）不合格（　）
本次学习活动表现不足的地方：
本次学习活动需要改进的地方：</td></tr>
<tr><td colspan="5">自评成绩　优秀（　）良好（　）合格（　）不合格（　）</td></tr>
<tr><td rowspan="23">老师评价</td><td>出勤情况</td><td>请假____天</td><td>迟到____次</td><td>早退____次</td><td>缺勤____次</td></tr>
<tr><td>分类</td><td>评价内容</td><td>满分</td><td>意见</td><td>评分</td></tr>
<tr><td rowspan="6">态度能力</td><td>1 考勤纪律情况</td><td>5</td><td></td><td></td></tr>
<tr><td>2 学习适应能力</td><td>5</td><td></td><td></td></tr>
<tr><td>3 虚心好学态度</td><td>5</td><td></td><td></td></tr>
<tr><td>4 任务完成能力</td><td>5</td><td></td><td></td></tr>
<tr><td>5 自我管理能力</td><td>5</td><td></td><td></td></tr>
<tr><td>6 自我学习能力</td><td>5</td><td></td><td></td></tr>
<tr><td rowspan="8">专业能力</td><td>7 专业知识能力</td><td>5</td><td></td><td></td></tr>
<tr><td>8 专业技术能力</td><td>5</td><td></td><td></td></tr>
<tr><td>9 知识应用能力</td><td>5</td><td></td><td></td></tr>
<tr><td>10 独立操作能力</td><td>5</td><td></td><td></td></tr>
<tr><td>11 专业学习能力</td><td>5</td><td></td><td></td></tr>
<tr><td>12 发现问题能力</td><td>5</td><td></td><td></td></tr>
<tr><td>13 观察判断能力</td><td>5</td><td></td><td></td></tr>
<tr><td>14 操作技能水平</td><td>5</td><td></td><td></td></tr>
<tr><td rowspan="6">方法能力</td><td>15 组织策划能力</td><td>5</td><td></td><td></td></tr>
<tr><td>16 团体协调能力</td><td>5</td><td></td><td></td></tr>
<tr><td>17 沟通交流能力</td><td>5</td><td></td><td></td></tr>
<tr><td>18 解决问题能力</td><td>5</td><td></td><td></td></tr>
<tr><td>19 语言表达能力</td><td>5</td><td></td><td></td></tr>
<tr><td>20 随机应变能力</td><td>5</td><td></td><td></td></tr>
<tr><td colspan="2">评价分数合计</td><td>100</td><td></td><td></td></tr>
<tr><td>成绩评定</td><td colspan="5">优秀（　）良好（　）合格（　）不合格（　）</td></tr>
<tr><td>老师签名</td><td></td><td>日期</td><td colspan="3"></td></tr>
</table>

思考与练习

一、思考与案例分析

案例一——机场内没有接到客人

【案例】

按照接站通知的要求，酒店代表小王今日要到机场接 4 位客人。小王整理好仪容仪表，带好接站告示牌、酒店宣传册等资料，提前半小时到机场等候；到机场核对航班抵达时间，做好接机准备。客人即将抵达时，小王在醒目的位置等候，看到有客人出站时举牌迎接。直到“出口”再也没有客人走出时，也没有接到客人，小王应该：

A. 再等一会儿，若还没有接到客人，电话通知总台，回酒店做好记录。

B. 应立即与酒店接待处取得联系，酒店可以通过电话问明客人是否已乘车前往酒店，并及时向小王反馈相关情况，回酒店后做好记录；若前台没有联系到客人，小王返回酒店后，马上与前台确认客人的具体情况，弄清事实及原因，向主管汇报，并把相关情况记录在接站登记簿和交接簿上。

C. 主动与客人电话联系，问明客人是否已乘车前往酒店，回酒店做好记录。

【正确的做法】______________________________

案例二——房间不够用了

【案例】

小王在机场接到一个团体，确认团体人数 48 人，比预订多出 3 人，领队要求加两间标准间，小王应该：

A. 根据酒店相关情况，记下客人要求，回酒店后，立即着手解决。

B. 应确认需要调整客房的类型、数量及相关要求，立即与酒店接待处取得联系，说明客情变化情况。待对客服务预案确定后，及时向客人反馈信息，并征求客人意见，直到客人安心、满意。

C. 根据自己掌握的酒店相关情况，立即向客人作出令其满意的承诺。

【正确的做法】______________________________

案例三——客人行李破损

【案例】

酒店代表小王在机场接到一个团体，团体中的刘先生和领队对小王说：“我的行李很重，一路上托运时总提醒服务生小心，可行李的轮子还是坏了，是机场出的问题，得让他们负责。”小王立即查看行李的轮子破损情况，发现轮子确实转动不灵，小王应该：

A. 应先安慰客人，立即通报机场相关部门，会同客人一起听取处理意见，直到客人满意为止；若机场答复需要一段时间，应安排客人先回酒店，帮助客人维修行李，直到客人安心、满意。把事情处理结果向机场相关部门通报再作协商处理。

B. 应先安慰客人，立即引领客人至机场相关部门，由客人与机场方面协商，直到客人满意为止。

C. 应先安慰客人，立即向客人作出令其满意的承诺，然后通报机场相关部门，会同客人一起听取处理意见，直到客人满意为止。

【正确的做法】____

案例四——抱歉，房间尚未清理好

【案例】

国际酒店客满，按照离店名单显示，一个团体本日 14：00 前离店，但由于客人的原因，直到 15：00，才退出 40 套房间，可此时已经有客人在大厅等候入住了。前厅接待员不断地接到客房可以使用的信息，不停地安排客人入住。行李员小张引领两位等候多时的客人来到 1805 房前，发现门是开着的，站在房门口听到空调开得很大的声音，看到客房服务员正在做最后的检查，小张知道客房马上就可以使用了。看到客人疲惫又不悦的神情，小张向客人表示歉意，立即与客房服务员沟通，礼貌地向客人解释，向客人表示房间马上就会整理好，征求客人意见是再等 2 分钟，还是先将行李放在房内，到大堂稍作休息。客人听到小张的解释，心情也好多了，并选择等候 2 分钟。

A. 小张解释道，前一位入住的客人退房晚了，酒店看到客人急于用房，为客人着想，才边清扫整理，边安排入住；酒店十分理解客人旅途劳累急于用房的心情，也在尽快整理腾出的房间，但再忙也不能降低房间清洁整理的标准。

B. 小张诚恳地道歉，首先解决客人的第一需求——尽快入房间休息，让客人安心；再礼貌恰当地解释，获取客人谅解。然后向客人合理建议等候房间的方式，并尊重客人的选择，完成符合客人心愿的补救服务。客人认为行李员处理问题比较合理，没有一味地道歉与解释，而是迅速解决问题，问题的解决又是按照客人需求的轻重缓急完成，这才满意。

C. 主要是满意行李员尊重客人，服务态度好。

【客人满意的原因】____

二、思考与拓展训练

完成下面的服务情景剧（以小组为单位进行训练）

酒店代表：（手举告示牌）请问您是中旅 COS118 团吗？

客人：是的。

酒店代表：请问哪位是领队陈铭先生？

领队：我是。

酒店代表：陈铭先生您好！（面向大家）大家好！我是国际酒店代表王军，我代表国际酒店欢迎大家的到来。

酒店代表：陈先生，您的客人是 38 位，开了 20 间标准间，晚 18：30 在宴会厅用餐，对吗？

领队：对。

酒店代表：（面向大家）现在是北京时间下午 17 时整，今天的天气晴好，白天温度为 0℃ ~5℃。客车停在这边，请大家带好自己的物品这边走。

酒店代表：（车上大家坐好）我们的司机师傅姓王，回酒店需要 50 分钟，途中可以看到天安门广场等许多名胜，如果大家需要，我可以一一介绍。

客人：那太好了！

酒店代表：祝大家旅途愉快！

制订店外接待的具体服务方案（小组讨论）

1. 接送准备

第一步：熟知客情（模拟打电话到预订处了解情况的对话）____________________

____

第二步：熟知资讯（要熟知酒店的哪些信息）____________________

____

____

第三步：安排车辆（根据“接站通知”要与酒店车队确认出车时间、地点）__________

____

____

第四步：确定行李员（根据“接站通知”要与行李员确认出车时间、地点）__________

____

____

第五步：准备告示牌（根据“接站通知标明酒店名称、团体名称、领队姓名）________

____

2. 到站等候

第一步：提前到场（要带什么和注意什么）

第二步：核对航班（如何核对）

第三步：等候迎接（如何操作）

3. 到站迎接

第一步：主动迎客（如何操作）

第二步：引领上车（如何操作）

第三步：信息沟通（告知什么信息）

第四步：介绍情况（介绍什么情况）

第五步：准确解答（回答客人提问）

4. 抵店交接

第一步：引领入店（如何引领）

第二步：完成交接（与谁交接）

第三步：礼貌道别（与谁道别，如何道别）

第四步：回到工作岗位（做好交接班手续）

学习情境二

安利公司年会的前台接待

引 言

安利（中国）在广州经济技术开发区设有占地近5.8万平方米的现代化生产基地，首期工程于1995年年初建成投产，主要生产家居护理用品和个人护理用品。投产未及一年，安利工厂即获得ISO9002国际质量认证，是国内日化行业中首家获此殊荣的厂家。安利公司很重视各个级别各个层次的培训，每年都要举办多次的专题培训，以鼓励各个级别各个层次员工的斗志，使网络的管理稳固，个人能力、业绩、客户、团体不断提升。因此在2013年8月16日至17日，安利公司在广州举行了一次包括服务意识、团体合作、素质形象、产品知识销售技巧的提升培训。来自广东省内的30多名杰出推销员参加了这次的培训。花园酒店为参加培训的人员提供了住宿和会议场地。

学习活动1 散客的入住登记与结账服务

●学习目标

1. 能完成散客入住登记服务和结账服务；
2. 能正确使用散客入住登记系统和收银系统；
3. 能准确办理入住登记手续和客人离店的结账手续；
4. 能与客人进行良好的沟通。

学习任务

1. 组建学习小组。

2. 根据前来参加安利培训大会的有预订或无预订的客人情况，学习散客（含VIP）的入住登记手续和离店时的结账手续服务技能与服务意识，并能为散客（含VIP）提供入住的登记手续和离店结账手续。

任务引入

阅读下面的案例，回答后面的问题。

【案例】

前来参加安利培训大会的客人大都提前预订了客房，如来自深圳的 40 岁李小姐、来自珠海的 35 岁刘先生、培训师李先生是本次的贵宾（VIP）、来自韶关的关小姐和陈小姐都提前预订了客房，但还有相当一部分邻近广州的客人没有提前预订客房。培训班的入住时间是 2013 年的 8 月 15 日，2013 年 8 月 18 日后离店。

◇思考与启发

无论是有预订还是无预订都是酒店的客人，都应该按酒店的相关规定做好接待工作。对 VIP 接待服务是酒店提供给特殊宾客的一种服务项目。VIP 接待服务程序不仅能有效地帮助酒店树立品牌形象，同时也将 VIP 接待的有效和人情味程序标准化，从而满足了 VIP 对于尊重感的追崇。客人抵店前，前厅部的准备工作主要分为以下三个阶段：

第一阶段：提前一周或数周将酒店主要客情，如 VIP 客人、大型团体、会议接待、客满等，通知各部门。

第二阶段：客人抵店前夕，将客情及具体的接待安排以书面形式通知相关部门，做好准备工作。

第三阶段：客人抵店的当天，总台接待员根据客人预订的具体要求，提前安排好房间，并将有关细节通知相关部门，共同完成客人抵店前的准备工作。

★想一想：为了做好客人的入住登记接待，应提前做好哪些准备工作？

____

____

____

任务布置

学生 8 ~ 10 人一组。以小组为单位，围绕五位有预订的散客（视为 VIP 客人）和无预订的散客，根据客人的特点，制订散客（或 VIP）客人入住登记的接待实施方案和离店结账服务实施方案，并按实施方案完成入住登记的服务实训和离店结账服务实训。

知识链接

酒店前台

一、入住登记与离店服务知识介绍

（一）酒店入住登记与离店形式

1. 传统形式

入住登记手续/离店手续和有关问讯服务在酒店的前台完成，前台服务员通过与客人一对一的直接接触，完成为客人提供入住、退房离店以及其他一系列的接待服务。这种面对面的服务会让客人感到更加亲切。

2. 智能化形式

入住登记手续/离店手续和有关问讯服务依靠网络完成，客人基本上不与服务员直接接触。设置于酒店前厅的电脑终端设备与酒店的管理系统连接，它可以代替前厅服务员为客人提供各种选择，其主菜单基本上分为入住、退房离店、其他酒店服务和社区信息等。该设备既有固定的，也有移动的。有些酒店甚至将其放置在酒店与机场/码头间的穿梭巴士上供客人办理登记手续。该设备在使用时要求客人持有预订单及有效信用卡。客人触摸电脑屏幕，系统就会显示客人的预订，查证客人的信用后，将客人情况记入酒店管理系统，安排客房，制作钥匙，打印出一份预先账页（账页显示了住客的姓名、房价、抵达和离店的日期、房号），激活房间电话；触摸“结束”键，系统会祝客人在住店期间过得愉快。对于即将入住的散客，在办理入住手续时，只有先将预订程序中要求的基本信息输入终端，才可自行办理入住或离店手续。

3. 行政商务楼层形式

四星级以上的酒店，大都设有商务行政楼层（Executive Floor）。商务行政楼层虽然隶属于前厅部，却单独设有总台、会议室、咖啡间、报刊资料室、休息室和商务中心等，为入住该楼层的客人提供从预订到抵店、入住、离店等全方面服务，因此被誉为“店中之店”。商务行政楼层的接待服务包括入住登记、餐饮、办公商务、结账等业务，其对服务的要求更加全面、细致、周到。

（二）入住登记时的知识介绍

1. 前台接待员的素质要求

（1）良好的外形。

（2）较强的语言表达能力。

（3）良好的推销能力。

（4）机智的应变能力。

（5）较强的人际关系能力。

（6）较宽的知识面。

前台工作人员

前台接待员着装

2. 入住登记时的准备工作

（1）制订用房预分方案。

为了方便客人同时对客房的分配进行有效的管理，接待人员应对事先预订的散客和团体，根据预订确认书中要求的房间类型和数量，提前制订用房方案。

散客尽量与团体的房间分开，因为团体客人要集中活动，起床时间可能比较早，在出发时难免会制造一些噪音，这样，一则便于同一团体客人之间的联系和管理；二则，团体离店后，空余的大量房间可以安排给下一个团体，便于管理，也有利于提高住房率。散客由于怕干扰，一般也不愿与团体客人住在一起。因此，对于团体客人要提前分好房间或预先保留房间。对于有残疾、年老、带小孩的客人，尽量安排在离服务台和电梯较近的房间。

（2）检查待出售房间。

对预留的房间，接待人员要同客房部联系好，留意计算机中客房状况的变化，尽量使待出售房间进入销售状态。特别是预留给 VIP 的房间，要由大堂副理亲自检查。前台主管要复查预分房间是否合适、有无差错等。

（3）准备入住资料。

将登记表、欢迎卡、客房钥匙、结账和其他有关单据、表格等按一定顺序摆放，待客人入住登记时使用。

3. 入住登记需要用到的工具

计算机、打印机、传真机、电话机、办公用具、预订显示架、预订资料柜。

4. 入住登记需要用到的表格

（1）散客预订单：是记录客人预订信息的重要业务单据。

表 2－1　散客预订单

××大酒店
Hotel ××
GUANGZHOU

A/C

ROOM RESERVATION FORM

先生/太太/小姐
Mr. /Mrs. /Miss：________

到达日期
Arrival Date：________

航班/时间
By Flight/Time：________

担保
GTD By：________

离开日期
Departure Date：________

航班/时间
By Flight/Time：________

房间种类
Accommodation：________

房价
Rate：________

备注
Remarks：________

____

订房者
Reserved by：________

接收者
Taken by：________

礼品安排要求
Set up Required：

____

____

（2）临时住宿登记表：作为入住登记客人资料的记录表，对于操作熟练的员工可以直接在电脑上输入客人的资料。但为了记录客人入住登记的时间，通常先填好临时住宿登记表再把客人信息输入电脑。

表 2－2 临时住宿登记表

××大酒店
Hotel ××
GUANGZHOU

REGISTRATION FORM OF TEMPORARY RESIENCE

房号 Room No.	日租（人民币） Daily Rate（RMB）	职员签名 Staff Signature

<table>
<tr><td colspan="3">姓（英文）
Surname</td><td colspan="2">名（英文）
First Name</td><td>中文姓名
Chinese Name</td></tr>
<tr><td>性别
Sex</td><td colspan="2">出生日期
Date of Birth</td><td colspan="2">国籍/籍贯/民族
Nationality</td><td>停留理由
Reason of Stay</td></tr>
<tr><td colspan="3">公司名称及电子邮件
Company Name and E-mail</td><td colspan="2">入住日期
Arrival Date</td><td>退房日期
Departure Date</td></tr>
<tr><td colspan="6">常住地址
Home Address</td></tr>
<tr><td colspan="2">证件种类
Type of Travel Document</td><td colspan="2">证件号码
No. of Travel Document</td><td colspan="2" rowspan="4">我的账目结算将由
My account will be settled by
现金 Cash
旅行社凭单 T/A Voucher
信用卡 Credit Card
公司 Company
其他 Others
客人签名
Guest's Signature</td></tr>
<tr><td colspan="2">签证种类
Type of Visa</td><td colspan="2">签证号码
Visa No.</td></tr>
<tr><td colspan="2">签证有效期
Date of Expiration</td><td colspan="2">签证机关
Visa Issued by</td></tr>
<tr><td colspan="2">入境日期
Date of Entry</td><td colspan="2">入境口岸
Port of Entry</td></tr>
<tr><td colspan="4">备注（会员卡号）
Remarks/Member Card No.</td><td colspan="2">本人承诺，此房间客人住店时一切费用均由本人支付。
I agree to pay for all hotel charges incurred by this room occupant.
支付人签名
Paid by</td></tr>
<tr><td colspan="4">请注意：
1. 本人愿意承担在酒店内发生的一切费用。
2. 请将携带的贵重物品存放于房间或前台收银处设立的免费保险箱内，阁下如在房间或酒店公共场所遗失任何物品，酒店概不负责。
3. 入住及退房时间为中午 12 时整。
4. 来访客人请在晚上 23 时前离开。
5. 房租不包括房间里的饮料。
6. 离店时请交回钥匙。</td><td colspan="2">Please Note：
1. I will bear all my expenses in the hotel.
2. Free safe deposit boxes are available in the guest room and at Front Desk Cashier; The hotel will not be liable for any loss of personal valuables.
3. Check in and check out time is 12：00 at noon.
4. Visitors are requested to leave guest room before 11：00pm.
5. Room rate is not including beverage in your room.
6. Please return your room key to cashier after check out.</td></tr>
</table>

（3）房间流量控制表。为客人排房前，要更新此表，并根据该表来安排房间。

表 2－3　房间流量控制表

日期			
编号		名称	
填表人		领队或陪同	
客房总数		标准间	
单人间		豪华间	
现出租房间			
房号	标准间	单人间	豪华间
未出租房间			
房号	标准间	单人间	豪华间
当日退房			
房号	标准间	单人间	豪华间
今后三天内退房			
房号	标准间	单人间	豪华间
今日可预订空房			
房号	标准间	单人间	豪华间
今后三天可预订空房			
房号	标准间	单人间	豪华间
备注			

制表人：　　　　　　　　　　审核人：

（4）散客订餐单：用于客人在住店期间的餐饮消费或订位证明。

表 2－4　散客订餐单

DINNER ORDER FORM　　No.

房号 Room No.		姓名 Name		国籍 Nationality
酒家 Name of Restaurant				
用膳日期、时间 Date & Time				
人数 Persons		台数 Tables		
每人（台）标准 Price for Each Person（Table）				
有何特殊要求 Special Preferences Price				
酒家承办人： 经手人：				

年　月　日

（5）重要客人预报表。客人到店前，留意该表，如有 VIP 客人，需安排特别接待事宜。

表 2－5　重要客人预报表

年　月　日

姓名或团名		国籍	
身份		人数	
来店日期		班次	
离店日期		班次	
接待单位			
具体要求：			
备注： 经手人：			

（6）优惠房价、费用批条。如有特别客人使用免费房或有特殊价格，需出示此批条证明。

表 2－6 优惠房价、费用批条

SPECIAL REQUEST FORM

DATE

日期

GUEST/GROUP NAME　　　　　　　　　　　NO. of GUEST

宾客/团名________________　　　　　　　　人数________________

ARR. DATE　　　　VIA　　　　　　　　　DEP. DATE　　　　VIA

到达日期____________ 交通____________　离店日期____________交通____________

NATIONALITY　　　TTL. RMS.　　　　　　ROOM NO.

国籍______________ 总房间数____________　房号____________________________

ROOM RATE　　　　　　　　　　　　　　SETTLEMENT

房价优惠________________　　　　　　　付款方式________________

COMMENT OF ENT.：1. ROOM CHG.　　　　2. OTHERS

可报宾馆账内容：　1. 房租________________　2. 其他费用______________

REMARK

备注____

REQUESTED by　　　　　　　　　　　　APPROVED by

请批部门/人名　　　　　　　　　　　　批准人签字

5. 前台入住登记系统软件

（1）查看本日将到店客人列表，进行预分房，可节省客人到达时入住登记的时间。

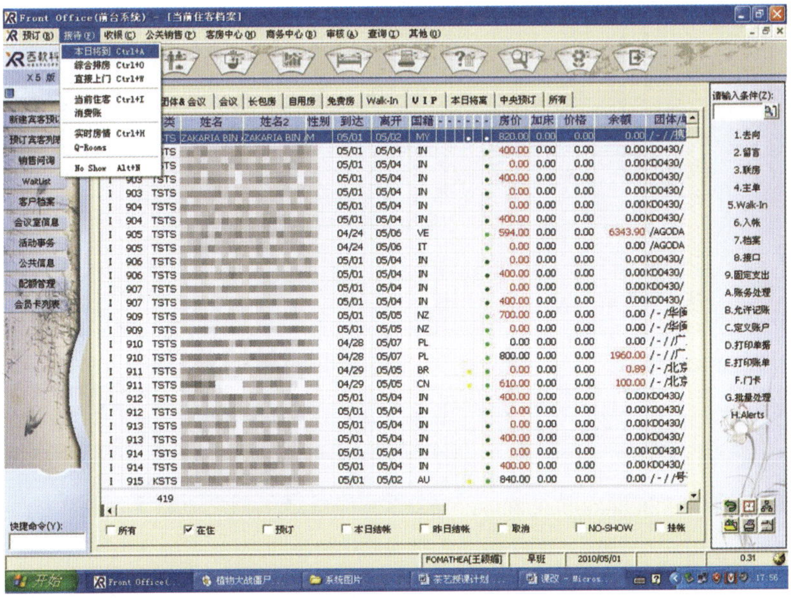

（2）当客人到店后，请客人提供预订人的名字，查询客人是否有提前预订房间。

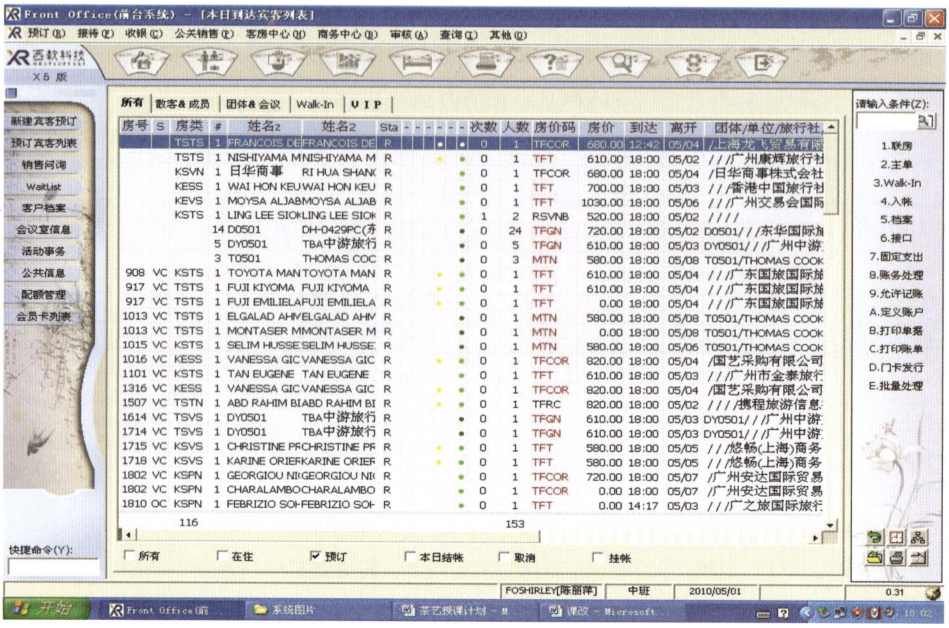

（3）如果客人有预订，可从本日将到客人列表中查找，并请客人出示证件进行入住登记手续。

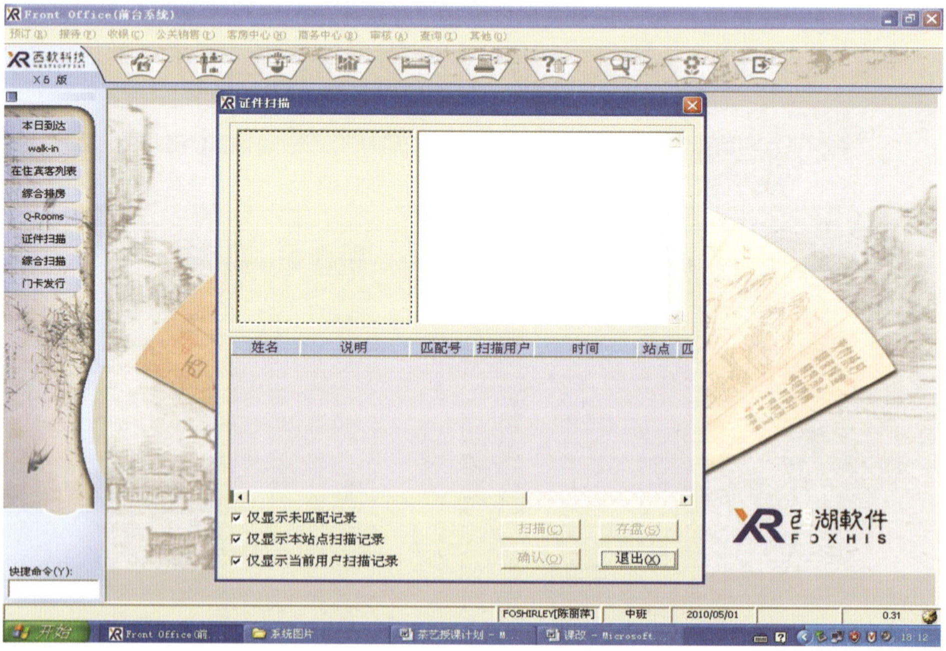

（4）假如客人没有预订，而是直接入住，就是我们通常所说的“Walk in”，那么可以根据房间占用率，决定是否让客人入住。

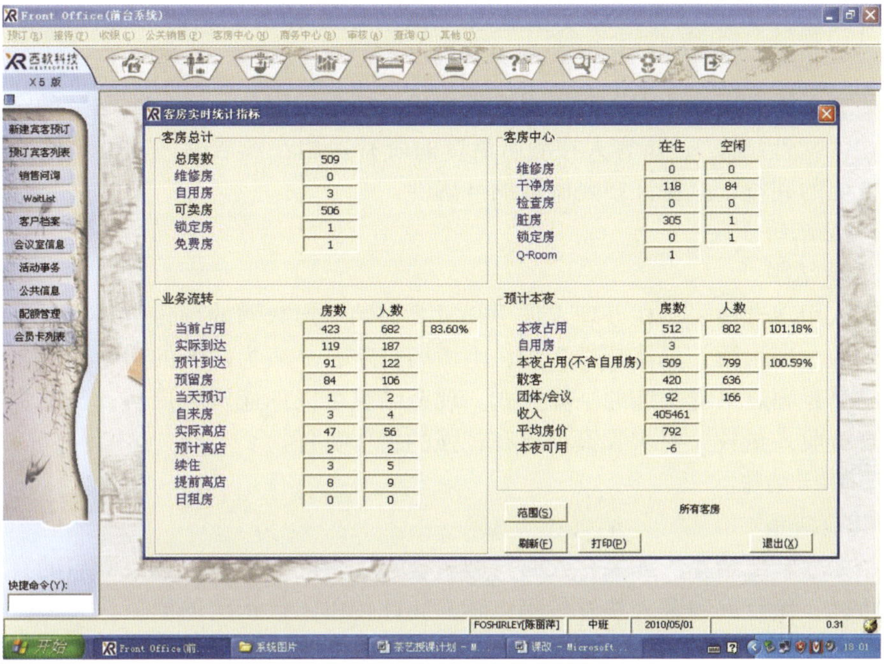

（5）如果有房间可提供给客人入住，那么先给客人介绍房间类型，推销客房给客人，再根据客人的需要进行排房。同时请客人出示证件，并新建客人资料进行入住登记。

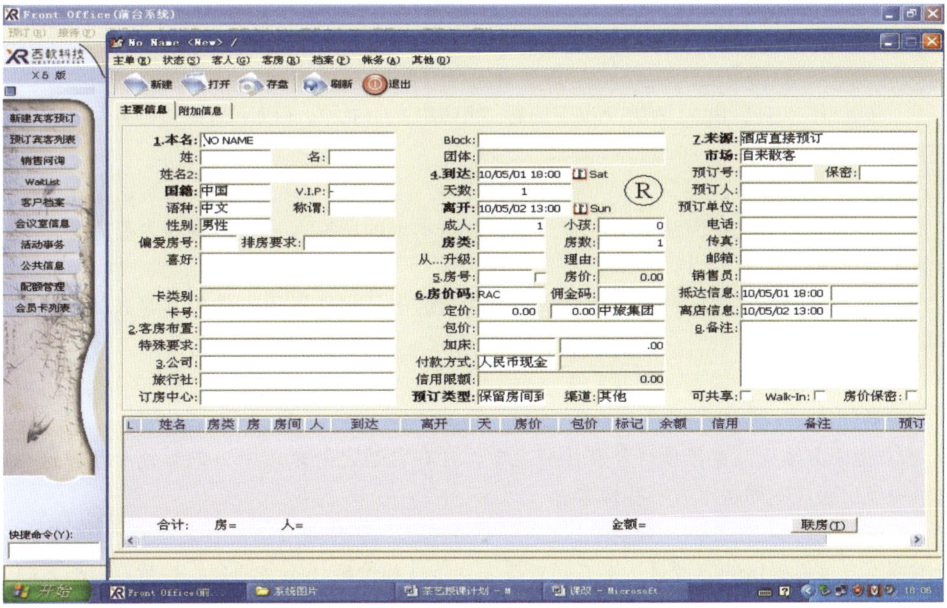

（三）离店结账时的知识介绍

前厅部收银处（Front Office Cashier）设在酒店前台，但其业务通常归口于酒店财务部。收银处的业务主要是处理相关的账务，包括兑换外币、结账、催收账款、收入审计等。

从方便客人提高服务效率的原则出发，现代酒店常采用“一次性结账”的客账服务模式。所谓“一次性结账”，指客人在酒店消费的所有费用在离店时一次性结清。结账服务关系到各方面的利益，应保证结账服务的准确性。

1. 客人结账的方式

（1）现金结账。

如果客人用现金结账，在办理入住手续时要交纳一定数额的预付金。预付金额度应超过住宿期间的总房租数，具体超过多少，由酒店自定，一般为一天的房租，结账时多退少补。现金结算是酒店最受欢迎的结算方式。现金结算可以加速资金周转，提高资金的运作效率，但现金收入量较大要求收银员要有较强的工作责任。

（2）信用卡结账。

（3）其他结账。

合同结账或转账结算。如果客人向与酒店有订房合同的旅行社购买酒店的客房，房租交付给旅行社，旅行社向客人签发传单，客人凭此传单入住指定的酒店，无须再向该店支付房租，房租由旅行社与酒店按订房合同解决。当客人持旅行社传单结账时，收银员应告诉客人，房租之外的费用必须由客人自行支付，如洗衣费、长途电话费等，因此客人仍然要交纳一定的押金。

收银员应正确掌握本酒店与各旅行社或商务公司之间签订的订房合同中的相关财务政策的具体内容，以便提供准确、及时的结算服务。订房合同样本如下：

订房合同（样本）

年　月　日，由　酒店（以下简称“甲方”），与　（以下简称“乙方”）经友好协商，达成如下协议：

一、推销

1. 乙方同意利用其销售网络推销甲方，并向来对本市的所有客户和即将成为乙方客户的人士推荐甲方的服务设施。

2. 乙方保证在任何可能的情况下，在本市接待旅客时，将选择甲方作为其客人的下榻处。特别是以下项目：

（1）系列团体。

（2）旅游团体。

3. 乙方把甲方编入其宣传项目及宣传册之中，并在合适之处采用甲方的彩色照片。这些宣传品及小册子一经出版应立即送甲方一些样本。

二、价格

考虑到乙方可能提供的客源量，甲方同意按下列条件和价格（不含佣金）接待乙方的客源：

（续上表）

团体预订——单人间/双人间（10 人及 10 人以上）
淡季（十二月，一月，二月，三月）= __________ 元人民币
平季（四月，六月，七月，八月）= __________ 元人民币
旺季（五月，九月，十月，十一月）= __________ 元人民币
散客预订——单人间/双人间（10 人以下）
淡季（十二月，一月，二月，三月）= __________ 元人民币
平季（四月，六月，七月，八月）= __________ 元人民币
旺季（五月，九月，十月，十一月）= __________ 元人民币

所有套间一律享受______ % 的优惠；所有客用房加床为________ 元人民币，陪同床为 ______ 元人民币。

注：所有价格不含任何早餐及城市建设费。

三、餐费

中式早餐 = ________元人民币
美式早餐 = ________元人民币
午餐套餐（西餐）= ________元人民币
晚餐套餐（西餐）= ________元人民币

注：餐费不含酒水。

四、价格保护

在任何情况下，乙方不得以比柜台更高的价格将甲方的客房出让给第三者。当甲方柜台价随季节改变时，甲方应通知乙方。

五、预订

团体入住前，乙方应在甲方销售部办理团体预订手续。甲方将根据订房情况和接待能力接到预订通知后的三天内，决定是否接受此预订，并以书面形式通知乙方。未经甲方接受并确认的预订，甲方概不负任何责任。

六、客房占用期限

按预订经确认的客房在入住日下午 14：00 之后方可入住。离店时间为正午 12：00。

七、客人分配单

乙方同意在客人达到前 30 天向甲方提供将入住甲方团体的所有成员名单及住房分配方案，包括航班信息、用房标准。如果乙方未能按上述要求及时提供这些信息（除非另有协议），甲方有权取消已预订的客房及设施，并转售给其他客户。

八、免费房

甲方同意为每 16 位付费客人提供半个双人间免费房，但每团的免费房不超过 4 个双人间。

九、取消预订

乙方如果需要取消或减少预订房，应按下列条件书面通知甲方：

房间数	最少要求期限
10 间以下	到客前 10 天
10 ~ 25 间	到客前 15 天
26 ~ 50 间	到客前 20 天
51 间以上	到客前 30 天

（续上表）

在最少期限之后，如果团体要求取消或减少10%以上的预订房间数，甲方将收取每间取消房一天的房租作为乙方未及时取消预订的费用。 十、确认未到预订 如果整个团体在入住日未到，乙方应支付甲方当日所损失的房费，同时支付整个实际居住期应付的房费。 十一、押金/付款 乙方同意在做系列团预订时付给甲方押金____ 元人民币。如果乙方未能履约，甲方可以从押金中抽取全部或部分作为甲方应得的押金。如果乙方完成合约，全部押金（不包括利息）将如数退还乙方或作为乙方应付甲方费用的一部分。 除了上述押金，乙方承诺在团体离店后30天内支付团体下榻在甲方期间所产生的一切费用。否则甲方有权利向乙方收取其超出天数的相应利息，利率按中国人民银行公布的同期活期存款利率计算。 十二、保密 此文件中的全部内容为绝密性的，不管是出于何种原因或目的，乙方都不能透露给第三者。乙方应对此表示理解并遵照执行。 十三、合同期限 本合同条款期限从______年____月____ 日开始至____ 年____ 月____ 日截止。合同一式两份，由乙方签字后在______年 ____ 月 ______日之前交给甲方，由甲方监督执行。 十四、违约责任 双方在执行合同过程中有违约行为时，本着友好协商的办法处理。确实不能达成一致意见的，双方同意由当地仲裁机构仲裁或交当地法院裁判。 甲方代表同意接受　　　　乙方代表同意接受 授权签名：　　　　　　　授权签名： 姓名：　　　　　　　　　姓名： 职务：　　　　　　　　　职务：

2. 结账前的准备工作

（1）仪容仪表的准备。

检查个人的仪容仪表，调节好情绪，做到服务热情微笑、真心诚意。

（2）设备设施的准备。

计算机、打印机、刷卡机、验钞机、相关办公用品、电话机处于工作状态。小心操作所使用的电脑、计算器、验钞机、收银机等设备，并做好清洁保养工作。

（3）相关表格的准备。

表 2-7 散客客人结账账单

房号 Room No.		姓名 Name		账号 A/C No.		付款方式 Payment					
房价 Room Rate		抵店日期 Arr. Date		离店日期 Dep. Date							
日期 Date	借方 Debit									贷方金额 Credit Amount	最终余额 Last Balance Amount
	房价 Room	服务费 Service	餐饮 F&B	洗衣 Laundry	电话 Tel.	传真 Fax	汽车 Taxi	其他 Others	小计 Total		
住客签名 Guest Signature											
备注 Remarks	地址 Add.： 邮箱 E-mail： 电话 Tel.： 传真 Fax： 钥匙请交总台：Please Rturned The Key To F. O.										

表 2-8 客人离店单

离店单

Check - out Card

姓名 Name：

房号 Room No.

日期 Date：

时间 Time：

收银员 Cashier：

> 提取行李时请将此单交行李员。
> Please hand this card to the bell captain to collect your luggage.

希望下次再度光临！

We look forward to your next stay with us.

谢谢！

Thank you!

××酒店

Hotel××

表 2－9　旅游团体结算账单

地址：________________
开户行：________________　　账号：________________
序号：__________ 单位：__________ 人数：__________
团名：________________
入店：________ 离店：__________ 天数：__________
协议价 __________ 美元含餐（中、西）：______ 汇率：__________
房费：
客人房：__________ 间 × 单价：__________ 元（　天）：________元
免费房：__________ 间
加床房：__________ 间 × 单价：__________ 元（　天）：________元
全陪房：__________ 间 × 单价：__________ 元（　天）：________元
地陪房：__________ 间 × 单价：__________ 元（　天）：________元
其他：__________ 间 × 单价：__________ 元（　天）：________元
其他：
总计金额：______________元
房费调整：__________ 餐费调整：__________ 其他调整：________
填表人：　　　　年　　月　　日

表 2－10　杂项收费单

MISCELLANEOUS
CHARGE VOUCHER
杂项收费单

ROOM No.　　　　　　　　　　　　No.
房间号码：______________　　编号：________
GUEST NAME　　　　　　　　　DATE
宾客姓名：______________　　日期：________

DESCRIPTION 说明	AMOUNT 金额
TOTAL 合计	

Prepared by　　Posted by　　Approved by　　Guest Signature
制表人　　输入人　　批准人　　客人签名

1st Copy：Guest　　2nd Copy：Finance
第一联：客人　　第二联：财务部

注：此表为无碳复写一式二联单。

表 2－11 退款垫付现金凭证

REFUND/PAID OUT VOUCHER

退款垫付现金凭证

ROOM No.　　　　　　　　　　　　No.

房间号码：＿＿＿＿＿＿＿＿　　　编号：＿＿＿＿＿＿＿＿

GUEST NAME　　　　　　　　　　DATE

宾客姓名：＿＿＿＿＿＿＿＿　　　日期：＿＿＿＿＿＿＿＿

DESCRIPTION 说明	AMOUNT 金额
TOTAL 合计	

Prepared by　　Posted by　　Approved by　　Guest Signature

制表人　　输入人　　批准人　　客人签名

1st Copy：Guest　　2nd Copy：Finance

第一联：客人　　第二联：财务部

注：此表为无碳复写一式二联单。

（4）账单核对准备。

1）依据入住登记表，由客务经理或收银员通过电话与住店客人确认离店时间和需要的相关服务，总台夜班接待员及时打印次日离店客人名单，并标注客人需求。同时，收银员还要核查预期离店客人长夹内的账单。核查账单上客人姓名、房号、房型、抵离店日期、付款方式等是否填写齐全、正确，如有异议，立即与接待处核实；核查信用卡是否有效；检查信用卡签购单是否压印齐全、有效。将客人账单、相关附件（住房登记表、房租折扣审批单、预付款收据等）放入标有相应房号的账户夹内，存放在住店客人账单架上。

2）根据客人的姓名，检查有无客人信件、留言、需要转交的物品等，累计好客账。按消费分类，累计客人发生的费用，如健身、洗衣、话费等。按付款分类，累计客人支付定金、预付款、应收款账。

3）核对账单：核收店内各个营业点传递的各种账单，并逐项核准项目、单位名称、金额、日期、客人姓名、房号、客人签名及经手人签名等。

3. 结账时的工作要求

（1）了解结账方式。

总台服务员在客人登记入住时必须正确了解客人选择的结账方式，这一点很重要。如果客人选择现金结账，那么酒店通常要求客人在入住时一次付清；如果客人要求转账结算，要确认事先已经核准的转账地址以及转账安排。收银员在接受转账付款要求时要特别谨慎。

（2）按照流程进行操作。

客人来结账，首先要问清楚客人是退房还是只结一部分账款。如果是退房，则要问清楚客人的房号，请客人交回房卡及押金单；如是团体，一定要注意和客房部将所有房号报齐，在为客人办理离店结账手续的同时，应立即与客房楼层和电话总机联系，防止酒水、洗衣、话费等收费项目漏单。最后请客人检查账单并签名。

（3）准确打印。

准确打印各项收费账单和发票，及时、快捷地收好客人应付的各项费用，对大额现金必须验明真伪，签名结账的必须要有依据。

（4）精心、小心、耐心。

收银员一定要牢记，在与客人谈及账单时，一定要精心、小心、耐心。

（5）态度温柔。

收银员要时时保持冷静、自信，同时态度要温柔、和蔼可亲，不论客人态度如何，都要和蔼、亲切地服务于客人。

（6）严谨、准确、快捷。

凡涉及客人的费用账目，有关现金、支票、信用卡、直接转账以及团体付款凭证等复杂事宜都要认真检查核实。结账时要尽可能迅速，尽可能方便客人，简化手续，同时又要保证酒店的利润收入。

（7）出现错误要弄清楚。

假如在客人的房价、账单或是其他方面出现差错，要在客人离店以前审核清楚，并让客人满意付款离开酒店。如果在账单方面出现极大的分歧，由收银主管出面进行调查核实并加以解决。

（8）认真做好每班的交接。

每班结束后，将当班收到的款项做收银员每班汇总表，同时做好备用金及未完成事宜的交接。

（四）收银服务的知识拓展

1. 酒店账单

酒店账单一般分为以下四种：

（1）住客分户账，即为某一房号住客建立的单独账目。

（2）团体总账，即为团体住客建立的总账目。

（3）非住客账，即为非住店客人在店内消费建立的单独账目。

（4）酒店为散客建立个人账户，团体客人建立团体账户。如果团体客人产生团体规定消费以外的其他消费，还要为其建立个人账户。

2. 外币兑换常识

银行办理外币的兑入和兑出业务，称为外币兑换业务。依据我国现行的外汇管理法令规定，在中华人民共和国境内，禁止外币流通，并不得以外币计价结算。为了方便来华旅游的外宾和港澳台同胞用款，中国银行和某些外汇指定银行、宾馆、酒店或商店可以受理外币旅行支票、外国信用卡兑换人民币的业务，同时还受理22种外币现钞和台湾新台币的兑换业务。不同情况兑换时使用不同的牌价：兑换旅行支票、信用卡、汇款使用买入价；兑出外汇，包括兑出外币现钞，使用卖出汇价；兑入外币现钞，使用现钞买入价。

我国现在可以收兑的旅行支票必须是中国银行总行编印的《国外旅行支票票样》（以下简称《票样》）范围内的旅行支票。如遇《票样》以外的旅行支票，在得到客户同意后，可办理托收。目前常见的有美国花旗银行、美国通济隆公司、美国运通公司、德国巴克莱银行等发行的旅行支票。

我国现在可代办的外国信用卡主要有：万事达卡（Master Card）、维萨卡（Vise Card）、运通卡（American Express Card）、JCB卡和大莱卡（Diners Card）。

中国人民银行公布的可兑换外币包括美元、港币、日元、欧元、英镑、瑞士法郎、澳大利亚元、新加坡元、加拿大元、澳门元和新西兰元等。

3. 识别外币真伪的方法

（1）从纸质上分辨。

一般外币，无论是美元还是日元、港元，其纸张都是一种特定纸质的特种纸。这种纸张有一定的厚度，有骨力，但软硬适当。同时，外币具有一定的拉力。内行的人还可以从纸币发出的声音上加以鉴别。

（2）从印刷上分辨。

真外币票面上的图案、线条印刷得十分精细，尤其是人头像中的眼睛炯炯有神，而假外币印刷较为粗糙，人头像的眼神也略显暗淡。有的外币在印刷上有特别的标志，如美元的钞票中有红蓝颜色的纤维线，还能用针挑出来。又如，港币票面上印有一条安全线，在荧光灯下会闪出很亮的光，而假币闪亮的光线就相对暗多了。

（3）水印的识别。

确定水印图案是否在正常位置，如果固定水印图案的位置相差较大，一般很可能是假水印（有极少数真钞票水印图案偏差较大）。印刷或加盖的假水印（在钞纸的表面或两张粘贴的纸里面），仰光透视，图案轮廓不是特别清晰；而真钞水印图案的轮廓都是相对清晰的，图案造型柔润。印在钞纸表面的假水印，从侧面倾斜对光看，可以看见明显的印迹，在紫光灯照射下图案清晰可见，真钞却看不见。

固定水印的人像，真钞神态自然，层次有立体感，黑、灰、白色过渡自然。假水印的人像，神态呆板不自然，有的人物不像或模糊不清。

真钞水印正反两面，一面较为平整，另一面稍微有些凸起，用手摸有浮凸感。假水印两面都平整，在两张薄纸中间涂有糊状物质，加盖印戳的假水印，用手摸纸张也有浮凸感，有的太浮凸，对光透视，水印部位纸张透光度很差，也比别的部位要厚。

4. 贵重物品的保管

酒店通常为客人提供客用安全保险箱，供客人免费寄存贵重物品。设在总台的保险箱通常是一个多排列小保险箱组合成的橱柜。小保险箱的数量，一般按酒店客房数的15%～20%来配备。若酒店的常住客和商务散客比较多，可适当增加客用安全保险箱的数量。客用安全保险箱橱柜通常放置在总台收银处后面或旁边一间僻静的房间，有的酒店也在客房内设置独立的客用贵重物品保险箱。

客用安全保险箱的使用与服务通常由收银员负责。每个小箱子有两把钥匙，一把由收银员负责保管，另一把由客人亲自保管，只有这两把钥匙同时使用，才能打开和锁上保险箱。客用安全保险箱的启用、中途开箱、退箱，一定要严格按照酒店规定的操作程序进行，客人应认真填写有关保管记录，以确保贵重物品的安全，防止各种意外情况的发生。如果发生了客人贵重物品丢失，处理如下：

（1）酒店应尽的责任。

一些酒店在其向客人提供的“住宿登记表”上明确指出：贵重物品请存放在收款处之免费保险箱内，阁下一切物品之遗失，酒店概不负责。显然，这种做法对客人来说是不公平的，在法律上也是站不住脚的。

1）按照国际惯例和有关法律，酒店有义务保护客人人身和财产的安全。

2）客人入住酒店是以“安全”为前提条件的，安全对于客人来说，是最重要的，服务质量居于其次。

3）大多酒店在一定场所和位置（如住宿登记表）向客人作出类似的声明，这就意味着，如果客人按照酒店的要求将贵重物品存入贵重物品保险箱，酒店就应该对其负责。

4）尽管保险箱有两把钥匙，客人和酒店各执一把，只有当这两把钥匙同时使用才能打开保险箱，但这并不能保证客人的贵重物品万无一失，因为酒店服务保管客人贵重物品的收银员完全有机会利用工作之便，另配一把客用钥匙打开保险箱。对此，酒店应制定严谨的规定。

（2）酒店对客人物品丢失的赔偿条件。

1）必须是存放在酒店贵重物品保险箱内的物品。如果客人没按要求将其贵重物品存放在贵重物品保管处，从而造成的丢失，酒店可以不负责任或少负责任。

2）很多酒店为客人在客房内提供贵重物品保险箱，对于这种保险箱内“丢失”的物品（一般不可能出现），酒店可以不予赔偿。

5. 催收账款工作

（1）酒店的催收账款工作由收银处处理。

收银处接到财务部下发的催款通知后，收银员要按照催款工作的有关原则与规定及时对超额消费客人进行费用催收工作。

（2）视具体情况作出相应处理办法。

1）积极联系客人，通过查找预订单、订房人、联系电话等方式努力联系到住客或知情人向其确认是否续住。

2）对于无人、无行李却又联系不到客人的房间以“暂结保留”为宜，也可以根据当天的客房预订情况、开房时间、押金状况和此客人过往的结账习惯作出是否予以保留的决定。

3）对于无人却又有少量物品的房间，应根据具体物品的种类、数量、位置等判断是客人的行李还是客人离店时遗留或遗弃的物品，进而作出处理决定。

4）对于无人却有行李的房间以保留为宜。

（3）对逾期房结出的账目处理。

1）逾期房结出的账目交收银主管/大堂经理，经收银主管/大堂经理核查后在结账单上签名。

2）根据该房押金的不同付款方式作出不同的处理：押信用卡的房间不必保留，由收银处填写金额交财务；押现金的房间不必保留，将消费款交财务，余额存于收银处待客人来取；已做离店时付款担保或由第三人付款的则联系其担保人落实费用。

3）当值班次未落实完成的逾期房卡下班跟进处理，通宵班期间保持关注，对到第二天仍没有来办理相应手续的房间，早班应根据情况判断客人是否外宿，并根据房间行李状况作出相应的处理。如发现跑账情况应马上汇报上级，并及时处理。

4）对逾期房的处理工作不得超过3班次（即中班、夜班、早班），在3个班次内必须有明确的处理结果。

（4）对超定额客房挂账客人的催款。

按照酒店的规定，对凡超定额客房挂账5 000元以上的住店房客，每星期要进行两次催款。催款的程序包括：

1）打印一份超定额客房挂账清单。

2）在明细清单上注明客人的离店日期。

3）取消长住户超定额挂账，待月结账一次发单催款。

4）对持信用卡的客人，如费用发生额超出该信用卡的最高限额，应与信用卡公司联系索要授权号码，此客人不列在发单催款名单之内。

5）编制客人欠款明细表，上报前厅部经理，前厅部经理根据客人的情况，决定实际发单催款名单，再由收银主管签发催款通知书。如果客人仍不付款，则由财务经理签发催款通知书。

（5）对挂账客人催款后的处理。

挂账客人接到催款通知后，应在30天之内向酒店结算应收款项。当客人付款时，酒店应开正式收据呈交客人作为结算凭证。收银员应根据客人的付款内容及金额，每天进行财务处理：

1）查明该公司的账号、账项参考号码及付款内容，并填写在每日现金收入记录表中。

2）编制记账凭证。

通过月结应收款对账单的记录，以及账项分析报告，查出所有超过60天未回复的欠款挂账客户，对其再次催款。再次催款前首先了解各尚未付款账项的具体内容，将其情况向财务经理签发催款信，连同缴款通知副本寄给客人。对客人提出的问题要及时给予答复，协商解决办法，为尽快清算应收账款排除障碍。

（6）催收账款注意事项。

1）在催收工作过程中，应保持与保安部门的密切联系，及时向其提供有关信息，以便在必要时获得保安部门的帮助，共同做好催收工作。

2）在催收工作过程中，收银处应根据实际情况灵活处理，如扣押客人证件或其他较为贵重的物品，催收结束后再予以归还。

6. 特殊客账服务

（1）快速结账。

与酒店有挂账协议的客户，结账时客人签单即完成结账；住店时预付定金的客人，由于外出不能在退房时间内到前台结账，可以电话通知酒店进行退房结账手续，酒店则必须落实客人的真实身份后，才予以办理；客人用信用卡挂账，并办理了托收授权，酒店可以满足客人的电话结账要求。为 VIP 进行的房内结账便利快捷，也属于快速结账。

（2）由第三方代为结账。

旅行社、会议组织经常作为第三方代住店客人结账，或入住时确定第三方代住店客人结账，酒店前厅部收银处应确认客人退房的结账方，保证收银工作准确无误。

（3）同一房间 A、B 床分单结账。

同一房间 A、B 床分单结账，经常发生在客人参加会议或某些活动，客人同住一个房间，各自房费本单位均可以报销，或客人采用 AA 制消费。

（五）VIP 知识介绍

1. 何为 VIP

所谓 VIP，是英语“Very Important Person”的缩写，直译为“非常重要的人/重要人物/大人物”，通常被我们称为贵宾或高级会员。

关于 VIP 的起源，有这样的一个典故：20 世纪 80 年代，电子邮件刚刚在美国一些地区流行起来，人们没事就发一封快捷、简单、便宜的邮件向朋友问候。有一个人在发送邮件的时候不想让其他人知道邮件的内容，就把邮件标名为 Very Important Person，据说，VIP 这个说法就这样被广泛地应用起来了。

2. VIP 等级分类

表 2－12　VIP 等级分类表

等级	划分依据
特级 VIP	①国内外有影响的政治家、政府官员。 ②国际上有影响的人士或对酒店的经营与发展有重要影响的人士。
A 级 VIP	①副省（部）以上政府官员或领导。 ②国家旅游局正局级以上领导。 ③国内外著名企业、集团、酒店、旅行社总裁。 ④国内外文化界、艺术界、教育界、体育界知名人士及社会名流。 ⑤对酒店的经营与发展有重要贡献或影响的人士。
B 级 VIP	①厅（局）级以下政府官员或领导。 ②各地企业界、金融界、新闻界人士及社会名流。 ③国家副局级领导、国家旅游局正处级领导、省旅游局副局级领导。 ④星级酒店、旅行社总经理、副总经理等旅游业人士。 ⑤对酒店的经营与发展有较重要影响的人士。
C 级 VIP	酒店根据实际情况划定为 VIP。

二、客人入住登记与离店结账服务

（一）散客入住登记流程及操作标准

1. 有预订散客入住登记

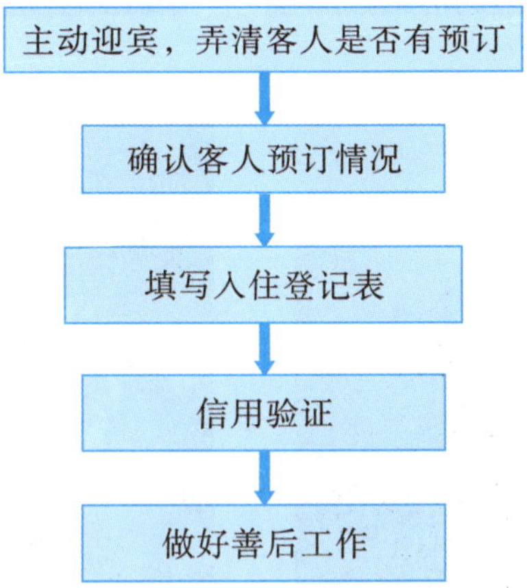

图 2－1　有预订散客入住登记流程

表 2－13　有预订散客入住登记操作标准

流程	操作标准
主动迎宾，弄清客人是否有预订	当客人走近前台 2 米左右时，前台值班员应目视客人，微笑致意，主动向客人打招呼。如果接待员正在接电话，应先向电话里的客人道歉："请等一会儿。"然后问候刚到达的客人："先生/小姐，我马上为您服务。"
确认客人预订情况	接待员应迅速查阅"次日抵店客人一览表"或计算机打印的"预期到店表"，并复述其订房主要内容，尤其是客人所订房间种类、住宿天数。对于携带订房凭证的客人，接待员应礼貌地请其出示订房凭证的正本，然后检查下列内容：订房凭证发放单位的印章、客人的姓名、酒店的名称、住宿天数、房间种类、用餐安排、抵离日期等。
填写入住登记表	经确认有预订后，请客人填写入住登记表，分配房间，制作钥匙，填写房卡，确认付款方式，请客人签名并告知贵重物品寄存等情况。对持有总经理特批的优惠客人通常由公关人员陪同进房间登记。
信用验证	请客人出示有效身份证件，确认客人的身份证或护照。如果使用信用卡付费，还要验证信用卡的签发日期、地点。如果使用现金付费，收取预付费用。对持有总经理特批的优惠客人无须在前台验证。
做好善后工作	客人入住后，将入住信息通知相关部门，将客人信息录入电脑并建立客史档案。如在登记表上打上入住时间，填写互联客房状况卡条分送部门，在电脑订单上更改入住信息，建立客账，并与登记表第二联一起交收银处。

预订登记

2. 无预订散客入住登记

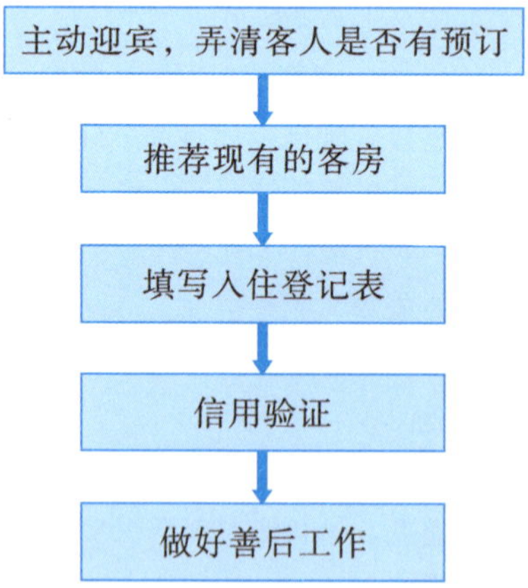

图 2－2　无预订散客入住登记流程

表 2－14 无预订散客入住登记操作标准

流程	操作标准
主动迎宾，弄清客人是否有预订	当客人走近前台 2 米左右时，前台值班员应目视客人，微笑致意，主动向客人打招呼。如果接待员正在接电话，应先向电话里的客人道歉："请等一会儿。"然后问候刚到达的客人："先生/小姐，我马上为您服务。"
推荐现有的客房	根据客人住店人数以及酒店当时的房态，向没有预订的客人推销 2～3 种客房，请客人选择。如果酒店已没有空房，为了保证客人对酒店的好感和忠诚，总台服务员必须为上门客人提供帮助，与条件相当的酒店联系，帮助客人落实住宿的地方。
填写入住登记表	当客人选定房型后，请客人填写入住登记表。在客人填写住宿登记表的同时，与客人沟通住店天数、付款方式等。给客人分配房间后，制作钥匙，填写房卡，请客人签名并告知贵重物品寄存情况。
信用验证	请客人出示有效身份证件，确认客人的身份证或护照。如果使用信用卡付费，还要验证信用卡的签发日期、地点。如果使用现金付费，收取预付费用。
做好善后工作	客人入住后，将入住信息通知相关部门，将客人信息录入电脑并建立客史档案。如在登记表上打上入住时间，填写互联客房状况卡条分送部门，在电脑订单上更改入住信息，建立客账，并与登记表第二联一起交收银处。

表 2－15 客史档案的建立流程

建立客史档案的意义	对酒店经理和工作人员来说，客史档案是一个珍贵的工具。客史档案是酒店了解客人、掌握客人的需求特点，从而为客人提供有针对性服务的重要途径。对于提高酒店服务质量、改善酒店经营管理水平具有重要意义。 ①有利于为客人提供个性化服务，增加人情味。 ②有利于搞好市场营销，争取回头客。 ③有助于提高酒店经营决策的科学性。
客史档案的内容	①常规档案：包括客人姓名、性别、年龄、出生日期、婚姻状况以及通信地址、电话号码、公司名称、头衔等。收集这些资料有助于了解目标市场的基本情况，了解"谁是我们的客人"。 ②预订档案：包括订房方式、介绍人、订房的季节、月份和日期以及订房的类型等。掌握这些资料有助于酒店选择销售渠道，做好促销工作。 ③消费档案：包括类别，客人租用的房间、支付的房费、餐费以及在商品、娱乐等其他项目上的消费；客人的信用、账号；喜欢何种房间和酒店的哪些设施等，从而了解客人的消费水平、支付能力以及消费倾向、信用情况等。 ④习俗、爱好档案：这是客史档案中最重要的内容，包括客人旅行的目的、爱好、生活习惯、宗教信仰和禁忌以及在住店期间要求的额外服务。了解这些资料有助于为客人提供有针对性的个性化服务。 ⑤反馈意见档案：包括客人在住店期间的意见、建议、表扬、投诉及处理结果等。

（续上表）

客史档案的建立	客史档案的建立必须得到酒店管理人员的支持，并将其纳入有关部门和人员的岗位职责之中，使之经常化、制度化和规范化。 客史档案的有关资料主要来自客人的“订房单”、“入住登记表”、“账单”、“投诉及处理结果记录”、“宾客意见书”以及其他平时观察和收集到的有关资料。

（二）散客离店结账服务流程及操作标准

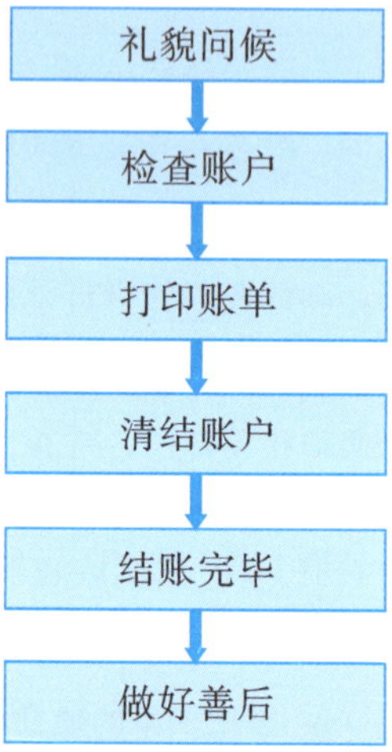

图 2－3　散客离店结账服务流程

表 2－16　散客离店结账服务操作标准

流程	操作标准
礼貌问候	①礼貌、热情地问候客人，核对客人的住店身份。询问客人的姓名、房号，请客人出示钥匙牌或房卡。 ②礼貌地询问客人30分钟以内有无签单或发生客房内消费，如有请客人先付款，再补送账单。 ③礼貌地询问客人是否还有其他需求，并立即通知客房服务中心客人离店信息，留意楼层服务员的回应。
检查账户	①查看电脑账户信息，核查账单和累计客账，确认该客人住店期间所有的消费金额是否正确。 ②核查该客人有无代付转账记录。
打印账单	①汇总、打印电脑账单，并请客人核对签字。 ②客人确认账单后且查房结束后为客人办理结账手续。
清结账户	收取账款、开具发票并附明细。开发票时，在客单上盖“付讫”字样的印章后，把客单的客人联、发票交给客人。

（续上表）

流程	操作标准
结账完毕	①微笑致谢并礼貌地向客人道别。 ②请客人到接待处办理退房离店手续。
做好善后	①客人离开后，结账员把客人交还的钥匙卡交与接待处并消磁。 ②编制表格，整理票据，及时录入账务数据，及时填写或管理系统自动生成收入日报表。 ③准确报账。

办理散客结账时应注意以下事项：

（1）客人结账时，要注意收回房门钥匙及房卡。如客人暂不交钥匙，应提醒楼层服务员收回钥匙，并记下楼层接话服务员工号。

（2）通知楼层服务员迅速检查客房，以免有客人的遗留物品或房间物品有丢失或损坏现象。

（3）委婉地询问客人是否还有其他临时消费（如电话费、早餐费等），以免漏账，给酒店造成损失。

（4）注意做好信用卡的验卡工作。

（5）注意做好支票的查验工作。

（6）如用现金结账，客人将现金交给收银员时，收银员应唱收现金数量，并验钞。依据账单，复核钱款数额无误后，收下现金并唱付找零，同时把客单的客人联、发票与找零一起交给客人。

（三）VIP 接待服务流程及操作标准

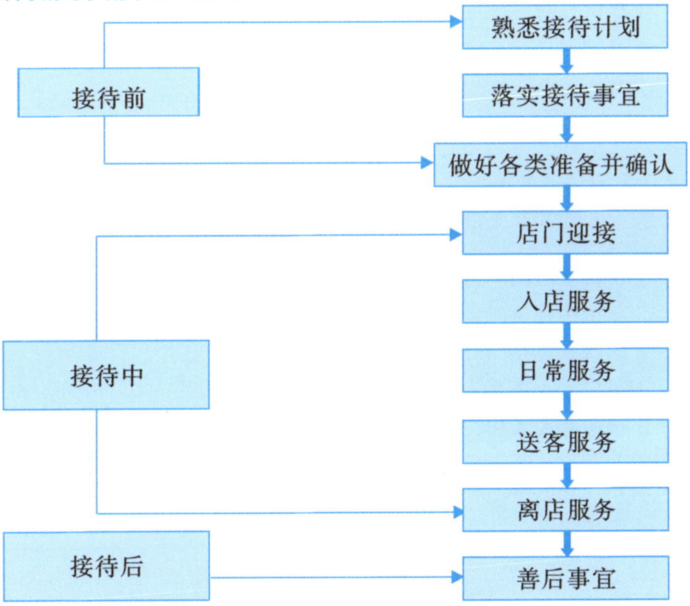

图 2－4　VIP 接待服务流程

表 2－17　VIP 接待服务操作标准

	流程	操作标准
接待前	熟悉接待计划	仔细阅读“VIP 接待计划书”，准确了解 VIP 的服务等级和具体要求。
	落实接待事宜	①做好与营销部、前厅部、客房部等部门的沟通工作。 ②按客人在酒店的行程安排，与相关部门一起落实、检查 VIP 的交通、食宿、行李运输等事宜。 ③确定房号，仔细检查房间，确保房间状态良好。 ④连同客房部检查好房间及房内布置。
	做好各类准备并确认	①准备鲜花。 ②负责制作总经理欢迎信并将其放入房内。 ③填写 VIP 的入住登记单并准备好相应的房卡、钥匙。 ④VIP 抵达前两小时内完成 VIP 需前往的各类活动场所的设施设备、卫生状况、赠品摆设、留言簿和宣传资料等检查工作。
接待中	店门迎接	①提醒总经理提前 10 分钟到位，确保一切接待工作准确无误。 ②提前 15 分钟在入口处等候 VIP。 ③手持鲜花、微笑、正确站立。
	入店服务	①用准确的职务和姓名来称呼和迎接。 ②手持房卡钥匙正确引领、陪同进房。 ③介绍房内设施。 ④请 VIP 在入住登记表上签名。 ⑤热情礼貌、准确有效地答复 VIP 提出的问题。 ⑥礼貌退出。
	日常服务	①关注 VIP 入住期间各项服务的衔接和落实。 ②随时关注 VIP 动向，及时向酒店高层管理人员、接待部门报告，以便提供优质服务。
	送客服务	VIP 离店的前一天，电话确认离店日期、时间、行李、交通、用餐等，记录在日志上并通知有关部门。
	离店服务	①在约定时间安排行李员到房间拿行李。 ②前台接待员准备好账单，协助办理退房手续。 ③确认专车在门外等候。 ④结账后，送客人上车。 ⑤感谢客人入住，欢迎客人再次入住。
接待后	善后事宜	①做好 VIP 客史档案。 ②整理归案。

三、常用英语

1. Useful Expressions

(1) Please accept my apology on behalf of the hotel.
请接受我代表酒店向您道歉。

(2) Thank you for telling us, sir.
先生，谢谢您告诉我们。

(3) Sorry, sir. I'll solve the problem for you as soon as possible.
先生，很抱歉，我将尽快解决这个问题。

(4) I assure you it won't happen again.
我向您保证这种事不会再发生了。

(5) This is quite unusual. I'll look into the matter.
这是很少有的，我会调查此事的。

(6) I'm sure everything will be right next time you come.
相信下次您再来时，一切都会使您称心如意的。

(7) I'll take care of it according to your request, sir.
先生，我将按您的要求办。

(8) Excuse me, but I must say it's against our hotel regulations.
很抱歉，但是这件事情是违反我们宾馆规定的。

(9) Would you please tell me your nationality?
请问您的国籍是哪里?

(10) Could you sign your name, please?
请您签一下名，好吗?

(11) I'll give you the accommodation advice.
我把开房通知单给您。

(12) Your room number is…
您的房间号码是……

2. Notes

handling problems and complaints 处理问题和投诉
get in touch with 与……联系
make payment 付款，付账
credit card 信用卡
take a print of something 将……复印一份

任务准备

一、物品准备

预订单或（VIP 接待计划书）、大堂副理值班记录本、入住登记表、账单（或总经理签署的免费单）、总经理欢迎信、房卡、钥匙、鲜花若干、电话笔、客史档案卡片。

二、场地准备

一间能容纳 40 人的模拟实训室。

三、学生团体组建

请在规定时间（15 分钟）内自行组建 5 个学习小组（8～10 人一组）。分好组后，每组选出组长，并以小组为单位填写表格。

表 2－18　学习小组成员组成表

组名	
组长姓名	
组员姓名	

四、教师下发任务

任务书

1. 任务目标

（1）根据前来参加安利公司在花园酒店举行的培训会的客人有预订客房的情况和没有预订的散客，制定对不同客人入住登记的接待方法及办理离店手续的方法。

（2）制定对重要客人入住与离店的接待服务方法。

2. 任务要求

（1）在教师的指导和辅助下，以小组为单位完成对有预订和无预订散客入住登记的接待服务的方案与离店时的结账服务方案。

（2）按照教师的布置，每个小组重点对一位有预订、一位无预订客人制订入住登记与离店结账的服务实施方案。在制订实施方案时要注意：

（续上表）

1）各小组学生再分成三对，一对制订有预订客人入住登记与离店结账服务实施方案，一对制订无预订客人入住登记与离店结账服务实施方案，一对制订重要客人（VIP）入住登记与离店结账服务实施方案。 2）每组制订三个方案。方案一：有预订客人入住登记与离店结账服务实施方案并组织训练；方案二：无预订客人入住登记与离店结账服务实施方案并组织训练；方案三：重要客人（VIP）入住登记与离店结账服务实施方案并组织训练。 3）每一方案的训练时间控制在10分钟内。 3．活动规则 （1）各组自行做好计划书，明确分工。 （2）活动过程必须全体组员参与。 （3）要通过各种形式（照片、视频、漫画、实操演练等）将活动过程记录下来。 （4）任务完成后，要向全班同学汇报，并展示任务的完成过程。

任务实施

一、制订实施方案

认真分析任务，并确定好任务实施方案。

____

____

____

二、确定人员分工

任务实施过程中要明确分工任务，组长要调动组员充分表达不同意见，形成职责清晰的任务分工。

表2－19　任务分工表

组员姓名	任务分工

三、过程监督

各组成员在任务实施过程中做好过程记录，组长负责监督，全组共同完成。

表 2－20　任务实施过程进度监督表

工作阶段	时间	进度描述	检查情况记录	改善措施以及建议

四、各组成员记录任务实施过程中的困难及收获

困难：____

____

____

小组成员想到的解决方法：____

____

____

本次活动的收获：____

____

____

五、展示活动记录

每个小组在任务实施过程中，可以用各种形式把本组的例子记录下来，并以各种形式展示出来。

六、班内汇报

汇报内容包括对本次任务完成情况的介绍、任务实施过程中遇到的困难和解决的方法、对所收集及观察到的内容的解说等。

小组互相评价，并对同学的汇报情况做好记录。

表 2－21 汇报情况记录表

组别	汇报情况（包括任务完成情况介绍、过程处理及收集效果等方面）

七、归纳总结

通过本次活动，请以自己经历的事情为例进行说明。

____

____

____

评价反馈

一、专业技能评价

表 2－22 散客结账技能训练评价表

考评人		被考评人	
考评地点			
考评项目	散客结账操作技能		
考核内容	考核要点	分值	得分
礼貌问候	礼貌、热情地问候客人。	3	
	请客人出示房卡、钥匙。	3	
检查账户	查看该客人的电脑账户信息。	10	
	确认该客人的消费金额是否正确。	5	
	询问客人 30 分钟内有无签单或发生客房内消费。	10	
	如有请客人先付款，再补送账单。	5	
	核查客人有无代付转账记录。	5	

（续上表）

结账	汇总电脑账单。	5	
	打印电脑账单。	5	
	客人核对打印好的电脑账单。	5	
	请客人确认账单并签字。	5	
	办理电脑结账手续。	5	
	收取账款。	10	
	复核客人交付的账款。	5	
	开具发票并附明细。	3	
结账完毕	向客人微笑致谢并道别。	3	
	请客人到接待处办理退房离店手续。	5	
	通知接待处该客人账款结清。	5	
	整理票据，做好工作记录。	3	
总评		100	

注：考核满分为100分，90分及以上为A；80～89分为B；60～79分为C；60分以下为D。此项训练考核时限为5分钟，每超过1分钟扣5分，超过3分钟成绩为D。

二、综合能力评价

表2－23　综合能力评价表

姓名		班级		学号			
任课老师		上课时间	第＿＿周＿＿节				
上课地点		小组成员					
学生自评	1. 学习态度：优（　）良（　）合格（　）不合格（　） 2. 参与小组讨论活动情况：优（　）良（　）合格（　）不合格（　） 3. 掌握知识情况：优（　）良（　）合格（　）不合格（　） 4. 能力提高程度：优（　）良（　）合格（　）不合格（　） 本次学习活动表现不足的地方： 本次学习活动需要改进的地方：						
	自评成绩	优秀		良好		合格		不合格	

(续上表)

老师评价	出勤情况		请假____天	迟到____次	早退____次	缺勤____次	
	分类	评价内容		满分	意见	评分	
	态度能力	1	考勤纪律情况	5			
		2	学习适应能力	5			
		3	虚心好学态度	5			
		4	任务完成能力	5			
		5	自我管理能力	5			
		6	自我学习能力	5			
	专业能力	7	专业知识能力	5			
		8	专业技术能力	5			
		9	知识应用能力	5			
		10	独立操作能力	5			
		11	专业学习能力	5			
		12	发现问题能力	5			
		13	观察判断能力	5			
		14	操作技能水平	5			
	方法能力	15	组织策划能力	5			
		16	团体协调能力	5			
		17	沟通交流能力	5			
		18	解决问题能力	5			
		19	语言表达能力	5			
		20	随机应变能力	5			
评价分数合计				100			
成绩评定	优秀		良好		合格		不合格
老师签名		日期					

思考与练习

一、思考与案例分析

案例一——总台要求快速退房

【案例】

1518 房的客人孙先生计划上午 9:30 退房，接待员小虎将该房间分派给 11:00 抵店的预订客人吴女士。10:00，吴女士打电话说马上就到，此时孙先生还未退房，其他同类房间都已客满，如何通知在房的客人迅速离店，又不使客人因觉得酒店在催促他而感到不快呢？小虎一皱眉，随即有了主意，忙拨打 1518 房间的电话："孙先生吗？我是总台服务员，你能否告诉我打算什么时候离店，以便及时给你安排行李员和出租车。”孙先生笑着回答：“哈哈，我懂你的意思啦，安排一辆的士吧，我要去机场。”小虎立即电话通知客房部，1518 房客人退房，请速打扫，马上有客人入住。并随即为 1518 房客人安排一辆出租车去机场。

情景分析

本案例中接待员委婉的提示，既提醒了客人，又表达了有客人即将入住，请其尽快退房的意图。前厅服务包括各方面的工作，而最基本的、最直接的就是服务工作中的语言。委婉的语言是前厅接待的基本素质。

思考与启示

前厅服务需要委婉的语言，而委婉的语言是一门艺术，需要刻意追求与琢磨才能到位。有道是：一句话惹人哭，一句话逗人笑。处理得当，锦上添花；处理不当，则前功尽弃。语言艺术是衡量酒店软件质量的重要标准之一。总台要求快速退房后遗留问题处理的原则是：

（1）客人离店后发现的所有遗留问题要统一报告酒店销售部门，由销售部门负责与客人协商解决。

（2）发生漏收客人账款时，先由销售部门协商收回，再查找原因，追究责任。

（3）对无法收回的账款的处理：

1）因客人申报不实造成的漏收账款，在一定额度内由大堂经理签字免单，超出额度的由酒店领导签字免单。

2）因客房楼层/房务中心服务员错报、漏报造成的漏收账款，由该服务员承担经济责任。

3）因接待员与客房服务员电话通报不清而造成的漏收账款，由前厅接待员和客房服务员共同承担经济责任。

4）因接待员超越权限，对不该享受快速离店服务的客人以该程序办理结账造成的漏收账款，由该接待员承担经济责任。

通过以上案例，谈谈你的收获。试例举你生活中遇到或听到酒店相关的案例进行补充说明。

案例二——客人次日一早需赶飞机，要求当晚结账，并保留钥匙，怎么办？

思考与启示

A. “客人永远是对的”，按客人的要求迅速结账。

B. 拒绝结账，向客人解释，这样做不符合酒店的规定，请客人谅解。

C. 婉言劝说客人次日离店时结账，让收银员准备好账单，请客人检查，以缩短第二天的结账时间。如客人坚持先结账，可请客人先交押金，再结账；客人次日取押金时，应询问餐厅和房务是否有新的账目发生。全部结清后，酒店收回钥匙，并退还剩余押金。

你认为______________做法是正确的。

案例三——客人对酒店服务不满，要求房价打折，怎么办？

思考与启示

A. 向客人表示歉意，按照入住时的约定结账。

B. 向客人表示歉意，在自己权限范围内，给予一定的折扣。

C. 向客人道歉，了解客人不满的原因，通知有关部门给予解决。如是潜在的回头客或会给酒店带来收益的客人，可按权限给予折扣。如果客人还是不满意，及时向领导汇报。为了保证财务报表的统计准确，减账一般从当日开始计算。将客人的意见上报总经理和有关部门。

你认为______________做法是正确的。

案例四——客房服务员通报，正在退房结账的客人带走了酒店的烟灰缸，怎么办？

思考与启示

A. 作为礼物送给客人。

B. 请客人当场归还。

C. 礼貌地请客人回忆是否误收了酒店烟灰缸。如果客人不承认，请客人帮忙回房间寻找。服务员不可跟着客人进房。如果客人不同意，请客人回忆是否有访客带走或放到别的地方，客人拒不承认，向大堂副理汇报。整个事件中，要注意维护客人的颜面。

你认为______________做法是正确的。

二、思考与拓展训练

现金结账的训练（以小组为单位进行训练）

表 2－24　现金结账服务流程及操作标准

流程	操作标准
问候确认	①礼貌地问候客人。 ②确认客人的房间号。
清结账户	①汇总客人住店期间的所有账单。 ②开列“住客结账单”。
确认账单	请客人核查汇总账单，确认后签字。
收取现金	①收取客人支付的现金：唱收、复点。 ②填写发票、签字、找回零钱：复点、唱票。
结账完毕	①礼貌地与客人道别。 ②整理票据，做好工作记录。

快速退房的训练（以小组为单位进行训练）

表 2－25　快速退房服务流程及操作标准

流程	操作标准
汇总账单	及时将客人在酒店各销售项目的消费账单汇入客人账户。
电话通知快速退房查房	①电话通知客房楼层/房务中心有关快速退房事宜，并请其快速查房。 ②根据查房结果，将客人房内消费账单及时汇入该客人账户。 ③如发生客人赔偿项目，应填写杂项收费单。 ④请客人确认杂项收费金额，并作出账务处理。
核查账户	①查看电脑账户信息，确认客人消费金额是否准确。 ②核查客人有无代付、转账记录及其他注意事项。 ③询问客人 30 分钟内有无签单或使用客房内的消费品。
清结账户	①查验收银处提供的客人结账单。 ②办理电脑退房手续。 ③检查有无该客人的留言或邮件，如有转交客人，并请客人签收。 ④填写交接记录。
微笑送客	感谢客人的入住，欢迎其下次光临。
完善客史档案	①将客人资料归档“当日退房”资料。 ②将入住登记表统一归档。 ③根据要求制作客史档案。

学习活动 2　团体会议客人的入住登记与结账服务

●学习目标

1. 完成团体入住登记服务手续；
2. 正确填写团体入住相关的表格；
3. 准确快速地协助团体客人办理离店结账手续。

学习任务

1. 组建学习小组。

2. 根据前来参加安利培训大会的团体特点，学习团体入住登记和离店结账服务的服务技能和服务意识，并能为团体客人办理入住登记和离店结账手续。

任务引入

阅读下面的案例，回答后面的问题。

【案例】

负责培训的安利公司总部，为了使这次培训取得更好的效果，公司本部派了 10 名工作人员参加会议，同时还邀请了 2012 年业绩突出的 20 名销售人员参加培训会议，其中 12 女，8 男，并委托广之旅作为本次报团单位。广之旅很快与花园酒店预订了 10 间双标，房价为 680 元，于 2013 年 8 月 15 日下午 15 时抵达，晚餐也订在酒店宴会厅。2013 年 8 月 18 日上午 9 时办理离店手续。

◇思考与启发

团体客人通常很多，全部拥挤在大堂，会影响酒店的正常秩序。为避免这一状态持续过久，接待员要事先预制团体入住登记表（分配好房间后，在打印好的团体入住登记表上填写房号，制作房卡和钥匙卡）。团体抵店时，实际人数往往与预订人数有出入。人数的变化会使得酒店和旅行社的协议房费发生变化，总台接待员要及时与销售部（营销部）联系，确认团体房费。

★想一想：如果你是当班服务员，你会提前做好哪些工作？

任务布置

学生 8 ~ 10 人一组。以小组为单位，围绕 20 名前来花园酒店参加安利公司会议的团体客人的特点，制订团体入住登记的实施方案和离店结账实施方案，并按实施方案模式完成团体客人入住登记的服务实训和离店时的结账服务实训。

知识链接

一、团体接待相关知识介绍

（一）坚持做好四个“预”

接待团体为主的酒店为数不少，它对做大酒店营业规模、争取集团规模消费优势、创造酒店整体利益，具有十分重要的意义。因此，酒店对团体的接待高度重视，在接待团体的服务工作中，坚持做好四个“预”。

1. 预订要详

团体接待，无论是会议接待，还是旅游团体，一般都要先制作接待协议书、接待合同之类的书面接待文件。在这个书面的文件中，除了应具有一般合同的标的、权利、义务、履行方式、违约责任等基本要素之外，要详细注明名称（团体名称、会议名称）、人数、抵离时间、交通工具、房间类型、房价、餐价、用餐方式、菜品、结账方式（现金、支票、信用卡、挂账、转账等）。特别是涉及费用的，一定马虎不得，以免事后扯皮。而且有些虽不见于书面的事项，也要有所了解，以便为下一步的接待服务打下良好的基础。如除了解人数外，还应进一步确定其国籍、男女比例，甚至老幼，以及有什么特殊情况等，以便有针对性的服务。

2. 预备要细

在做接待的准备工作时一定要细心、细致。预订部门（有的是销售部）在团体接待预订后，就应将该团体的资料及时提供给前厅部、客房部、餐饮部甚至车场等相关接待部门或经营场所，通知到相关人员，以便及时做好服务接待工作的衔接和准备。

3. 预料要够

酒店的团体接待中，由于客人相对集中、人数相对较多、时间相对较紧、工作量相对增多，容易出现服务接待不及时、不周到、不尽意、不完善的地方，甚至出现意外情况。如团体迟到了，正常下班时间已过，但前厅、客房、餐厅等相关接待部门、场所，仍要在人员上、材料上备齐配足，思想上、物质上都要有所准备。

4. 预后要察

团体客人离店时和离店后的工作也要做好。如尽可能准确地落实团体离开酒店的时间，提前通知客房做好查房准备；行李房及时将团体行李运到大堂，等候客人清点；总台做好退房准备等。让客人高兴而来，满意而去，期待下回再来。切忌“人走茶凉”，要系统地建立客史档案，与客人保持联络，加强与团体单位感情交流，为下次的合作、为今后酒店的销售打下一个良好的基础。

（二）提前做好准备工作

1. 工具的准备

提前准备好计算机、打印机、传真机、电话机、办公用具、预订显示架、预订资料柜，并检查设备运行情况。

2. 表格的准备

团体接待用到的相关表格有：团体确认书、团体房号预报表、每日团体订餐安排表、团体信封、团体入住登记表、每日团体行李动态表、团体行李收发记录表、团体预支付保证金收据。

（1）团体确认书。通过团体确认书时，可了解到即将到来的团体类型、人数等。

表 2-26 团体确认书

××大酒店

Hotel ××

中国 广州

团体确认书

旅行社：＿＿＿＿＿ 收件人：＿＿＿＿＿ 传真号码：＿＿＿＿＿

团体名称：＿＿＿＿＿ 国籍：＿＿＿＿＿ 人数：＿＿＿＿＿

抵店日期		交通	
离店日期		交通	
房间安排			
单人房		房价	
双人房		房价	
套房		房价	
加床		房价	
全陪房		房价	
地陪房		房价	

抵店日期		交通	
离店日期		交通	
房间安排			
单人房		房价	
双人房		房价	
套房		房价	
加床		房价	
全陪房		房价	
地陪房		房价	

注：地陪及司机房费由地接社负责支付。

（续上表）

膳食安排：
________餐　　　日期__________　　餐价____________　　特别要求____________
________餐　　　日期__________　　餐价____________　　特别要求____________
付款方式：现付（入住前）__________　预付（汇款）__________　转账__________
备注：____
订房来源：____
订房经办人：____
日期：____________

（2）团体房号预报表。当了解了即将到来的团体概况后，就要开始进行排房。

表 2－27　团体房号预报表

××大酒店
Hotel ××
中国 广州
团体房号预报表
GROUP ROOM ASSIGNMENT FORM

致　房务部　　　　　　　　　　　　　　　　日期
TO：HOUSEKEEPING DEPT.　　　　　　　　　DATE：__________
由　接待处
FROM：RECEPTION
团体名称　　　　　　　　　　　　　　　　　团体代号
GROUP NAME：__________　　　　　　　　　GROUP CODE：__________
到达日期　　　　　　　　航班　　　　　　　抵达时间
ARRIVAL DATE：__________　VIA：__________　ETA：__________
离店日期　　　　　　　　航班　　　　　　　离开时间
DEPARTURE DATE：__________　VIA：__________　ETD：__________
房间数量要求
TOTAL NO. OF ROOMS：________________

__________　__________　__________　__________
__________　__________　__________　__________
__________　__________　__________　__________

接待员
RECEPTION：__________

(3) 每日团体订餐安排表。一般的团体都会在酒店用餐，该表可体现用餐的方式以及时间。

表 2-28 每日团体订餐安排表

房务部—前台接待部 每日团体订餐安排表 用餐日期：______											
旅行社名称	团体名称	团号	国籍	人数	司陪	早/晚餐	餐价	时间	地点	餐价	备注

(4) 团体信封。团体到达前预分好的房卡等资料先装好，交给客人。

表 2-29 团体信封

Add： 地址： Tel.： 电话： Http： 网址： P. C.： 邮编： Group Envelop 团体信封 Group Name 团体名称____________ Guest Name 客人姓名____________ Room Number 房间号码____________

(5) 团体入住登记表。团体到达时，由领队到前台登记。

表 2－30　团体入住登记表

团体名称		团体编号	
抵店时间		离店时间	
国　　籍		人　　数	
房　　型		房　　数	
房　　价		付款方式	
特殊要求		陪同房号	
备　注			

房　号	姓　名	性　别	出生年月	职　业	国　籍	护照号码

填表人：__________　　　　　　　　复核人：__________

（6）每日团体行李动态表。团体到来时，可能会把一些贵重的行李交给礼宾处给予保管，因此每次领取行李都必须填写此表。

表 2－31　每日团体行李动态表

入住日期：__________

团号/编号	国家	楼层	房数	行李到达时间	行李数	接待旅行社	行李收取时间	收取件数	行李离店时间

（7）团体行李收发记录表。当每个团体到来时，都应安排行李员接收行李，并填写该表，然后把该团体的行李用网网住，以免与其他团体的行李混乱。

表 2 - 32 团体行李收发记录表

团体名称：　　　　　　　　　　日期：
旅行社：　　　　　　　　　　　国籍：
此团去向：　　　　　　　　　　收取时间：

到达时间	行李件数	车号	备注	行李托运负责人
迁出时间	行李件数	车号	备注	行李托运负责人
房号	上房件数	收取件数	上房件数	收取件数

递送时间：　　　　　　　　　　收取时间：
行李件数：　　　　　　　　　　行李件数：
行李号签名：　　　　　　　　　行李员签名：
旅行社同意人签名：　　　　　　旅行社同意人签名：
备注：　　　　　　　　　　　　备注：

（8）团体预支付保证金收据。团体入住时，如交了保证金，需填写该单。

表 2 - 33 团体预支付保证金收据

Deposit Record　　　　No.

用于　　　　　　　　　　交款日期及时间
Prepay for: ________　　Date & Time: ________
住客或团体名
Guest/Group Name: ________
房号　　　　　　　　　　入住日期
Room No.: ________　　Arr. Date: ________
保证金金额　　　　　　　离店日期
Amount: ________　　Dep. Date: ________
金额大写：　万　仟　佰　拾　元　角　分
The Sum of RMB ¥: ________
交款人 Prepaid by:
公司/旅行社/交款人
Company/Agt/Gst Name: ________
请注意！
ATTENTION!
- 酒店将核对交款人签名作为退款凭证：签名不符，恕不退款。
- 交款人如欲委托他人代为退款，必须预先以书面委托信或亲自联络大堂经理说明情况。
- 客人退款时必须交回此单正本。

（续上表）

● 酒店有权要求阁下出示身份证证明。
● Hotel will only refund the deposit after verifying the signature（s）.
● Should you wish to obtain the deposit refund，please inform us in writing or contact our Front Office Assistant Manager.
● This original record must be presented at the time of refund.
● Proof of identity may be requested by the Hotel prior to any refund of deposit.

Deposit Paid by： 交款人签名 Guest Signature	Deposit Record by： 服务员 Guest Service Officer
______________________	______________________

白单—客人
黄单—服务员

注：此表为无碳复写，一式二联。

二、办理团体结账时的注意事项

（1）结账过程中，如出现账目上的争议，及时请结账主管人员或大堂经理协助解决。

（2）在任何情况下，收银员都不得将团体房价泄露给客人，如客人要求自付房费，应按当日门市价收取。

（3）团体延时离店，须经销售经理批准，否则按当日房价收取。

（4）凡不允许挂账的旅行社，其团体费用一律现付。

（5）团体陪同无权私自将未经旅行社认可的账目转由旅行社支付。

三、团体入住服务流程及操作标准

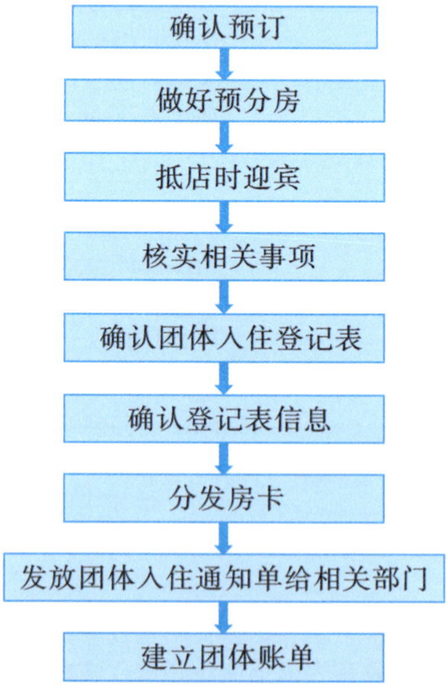

图 2－5　团体入住服务流程

表 2-34 团体入住服务操作标准

流程	操作标准
确认预订	团体抵店前一天，核对团体的预订资料：房型、房数、人数、付款方式、离店日期。
做好预分房	①给团体编号。 ②按照团体预订要求，在抵店当日的空房中找出符合预订要求的房间并确认房号。 ③制作团体预分房报表并分送礼宾处与客房部。 ④在房状表上注明所有“预分房”。 ⑤按照每个团体的用房数和人数为每位客人准备房卡、钥匙，房卡上填写客人姓名、房号、离店日期、团体编号。 ⑥建立预分房档案：将预分房报表，团体用房的所有房卡、钥匙放在注明团体编号的信封里。 ⑦请当班负责人审核所有预分房工作事宜。
抵店时迎宾	团体客人抵店时，大堂副理及销售部的联络员一同礼貌地将他们引领至团体接待处，并向他们表示欢迎和问候。
核实相关事项	①前台接待人员告知团体领队及客人有关事宜，包括早、中、晚餐地点及其他设施。 ②团体如有特殊需要，如若要求临时增加房间，应尽量满足，就所增加房的付款事宜联系销售部（营销部）；如团体要求减少用房数，通知有关销售人员（营销员），确定整个团体的收费标准；如团体要求增加陪同房，按酒店有关规定办理（标准人数的团体，酒店只提供 1 间免费的陪同房）。
确认团体入住登记表	前台接待人员向领队或导游索取团体信息材料，并请领队和导游分别填写完整的入住登记表与核对领队和导游的有效证件，核查、确认房数及特殊服务安排。经确认无误后，团体领队及接待人员在“团体入住登记表”上签字认可。如果是大型团体入住时可以请客人先进房，再填写登记表。应注意及时收回登记表。
确认登记表信息	①与领队或导游确认付款方式：签单、现付。以现付方式结算的团体，请领队或导游在总台预付押金。 ②与领队或导游确认团体日常接待要求细则：每日早餐时间、每次叫醒服务时间、出行李的时间、退房时间。 ③留下领队或导游的联系电话。 ④制作团体入住通知单并签名。
分发房卡	前台接待人员将装有团体客人的房卡、钥匙的团体信封交给团体领队，并由其依据预分房报表为团内客人分配房间，发放房卡、钥匙；领队或导游向客人说明团体用餐地点，提醒客人贵重物品的保管，行李员迅速引领客人进房。
发放团体入住通知单给相关部门	①电话通知团体入住信息：总机、客房部、礼宾处、行李处、收银处。 ②接待员将团体资料录入电脑，打印团体房间分配名单并签名。 ③复印并发放团体入住通知单：总机处、客房部、餐饮部、礼宾处、行李处、收银处，原始材料留总台备查。
建立团体账单	在印好的账单上填写团体名称、团号、抵离店日期、所有房号、应付房费等内容，并将其与登记单底联及预订资料一起送交总台收银处签收。

四、团体离店结账服务流程及操作标准

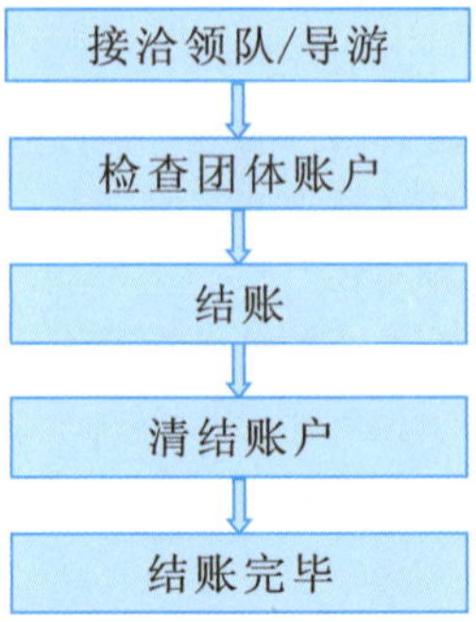

图 2－6　团体离店结账服务流程

图 2－7　团体行李网

表 2－35　团体离店结账服务操作标准

流程	操作标准
接洽领队/导游	在团体离店前一天与团体领队/导游确认团体离店的具体时间。
检查团体账户	①通知客房楼层/房务中心查房。 ②查看电脑账户信息，确认该团体的消费金额是否正确。 ③客房楼层/房务中心此时若未能回复查房结果，应电话催报。 ④核查该团体客人在 30 分钟内有无使用客房内的消费品。 ⑤核查该团体内客人有无分户账单。如有，汇总各分户账单。
结账	①汇总、打印团体电脑账单，并请领队/导游核对签字。 ②汇总打印团内客人的各分户账单，请具体的客人分别核对签字。 ③领队/导游及确认账单、客房楼层/房务中心查房无误，客人确认账单后为该团体办理结账手续。

（续上表）

流程	操作标准
清结账户	①收取客人账款、赔偿款，开具发票并附明细。 ②收取团体账款，开具发票并附明细。
结账完毕	①微笑致谢并道别。 ②请客人到接待处办理退房离店手续。 ③整理票据，做好工作记录。

五、常用英语

1. Useful Expressions

(1) Have you made a reservation?

您预订了吗？

(2) When did you make the reservation?

您是什么时候预订的房间？

(3) Do you have a confirmation letter?

您有订房确认信吗？

(4) Let me check the reservation record.

让我查一查订房记录。

(5) Would you please sign this registration form?

请您填写一下这张登记表，好吗？

2. Notes

reservation record　预订记录

service charge　服务费

departure date　离店日期

任务准备

一、物品准备

电脑、打印机、团体信息资料、团体入住登记表、团体预分房报表、笔、团体入住通知单、房卡、钥匙。

二、场地准备

一间能容纳40人的模拟实训室。

三、学生团体组建

请在规定时间（15 分钟）内自行组建 5 个学习小组（8～10 人一组）。分好组后，每组选出组长，并以小组为单位填写表格。

表 2－36　学习小组成员组成表

组名	
组长姓名	
组员姓名	

四、教师下发任务

任务书

1．任务目标

（1）根据 20 位团体客人抵离店的时间，制订团体客人抵离店时的入住登记和离店时的结账实施方案。

（2）练习为团体客人办理入住登记手续及团体客人离店时的结账手续。

2．任务要求

（1）在教师的指导和辅助下，以小组为单位完成为团体客人办理入住登记手续的操作方案的制订；完成为团体客人办理离店结账登记操作方案的制订。

（2）按教师的布置，每个小组根据团体客人的情况，重点制订团体客人入住与团体客人离店结账的实施方案。在制订实施方案时要注意：

1）各小组学生分成两组，一组是团体客人入住时的接待员，一组是团体客人离店时的收银员。

2）每组制订两个方案。方案一：根据团体客人的抵店时间，制订为客人办理入住登记手续的实施方案并组织训练；方案二：根据团体客人的离店时间，制订为客人办理离店结账手续的实施方案并组织训练。

3）每一方案的训练时间控制在 10 分钟内完成。

3．活动规则

（1）各组自行做好计划书，明确分工。

（2）活动过程必须全体组员参与。

（3）要通过各种形式（照片、视频、漫画、实操演练等）将活动过程记录下来。

（4）任务完成后，要向全班同学汇报，并展示任务的完成过程。

任务实施

一、制订实施方案

认真分析任务，并确定好任务实施方案。

____

____

____

二、确定人员分工

任务实施过程中要明确分工任务，组长要调动组员充分表达不同意见，形成职责清晰的任务分工。

表 2－37　任务分工表

组员姓名	任务分工

三、过程监督

各组成员在任务实施过程中做好过程记录，组长负责监督，全组共同完成。

表 2－38　任务实施过程进度监督表

工作阶段	时间	进度描述	检查情况记录	改善措施以及建议

四、各组成员记录任务实施过程中的困难及收获

困难：________________

____

小组成员想到的解决方法：________________

____

本次活动的收获：________________

____

五、展示活动记录

每个小组在任务实施过程中，用各种形式把本组收集到的咨询及例子记录下来，并以各种形式展示出来。

六、班内汇报

汇报内容包括对本次任务完成情况的介绍、任务实施过程中遇到的困难和解决的方法、对所收集及观察到的内容的解说等。

小组互评，并对同学的汇报情况做好记录。

表 2－39　汇报情况记录表

组别	汇报情况（包括任务完成情况介绍、过程处理及收集效果等方面）

七、归纳总结

通过本次模拟训练，请你谈谈怎样才能真正做到“规范”？请以自己经历的事情为例进行说明。

____

____

____

评价反馈

一、专业技术评价

以小组为单位，结合表中标准，围绕自己在活动的表现，进行客观评价。

表 2－40　团体结账技能训练评价表

考评人		被考评人	
考评地点			
考评项目	团体结账操作技能		
考核内容	考核要点	分值	得分
接洽领队/导游	在团体离店前一天与团体领队/导游确认团体离店的具体时间。	3	
检查团体账户	通知客房楼层/房务中心查房。	3	
	查看电脑账户信息，确认该团体的消费金额是否正确。	5	
	核查该团体内客人有无分户账单。	3	
	如有，汇总各分户账单。	3	
结账	汇总团体电脑账单。	10	
	打印团体电脑账单。	2	
	请领队/导游核对签字。	3	
	根据查房结果，再次汇总团内客人的各分户账单。如有赔偿问题，另行开具账单，并附说明。该账单经客人确认签字后汇总到该客人分户账单。	10	
	打印各分户账单。	3	
	请客人分别核对各自的分户账单并签字。	5	
	办理团体电脑结账手续。	5	
清结账户	制作电脑退房单。	5	
	收取客人账款。	5	
	核对客人交付的账款。	5	
	开具发票并附明细。	3	
	收取团体账款。	5	
	核对领队/导游交付的账款。	5	
	开具发票并附明细。	3	
结账完毕	向客人微笑致谢并道别。	3	
	请客人到接待处办理退房离店手续。	3	
	通知接待处该客人账款结清。	3	
	整理票据，做好工作记录。	5	
总评		100	

注：考核满分为 100 分，90 分及以上为 A；80～89 分为 B；60～79 分为 C；60 分以下为 D。此项训练考核限时 10 分钟，每超过 1 分钟扣 5 分，超过 3 分钟成绩为 D。

二、综合能力评价

表 2－41　综合能力评价表

<table>
<tr><td colspan="2">姓名</td><td colspan="2"></td><td>班级</td><td></td><td>学号</td><td></td></tr>
<tr><td colspan="2">任课老师</td><td colspan="2"></td><td>上课时间</td><td colspan="3">第　　周　　节</td></tr>
<tr><td colspan="2">上课地点</td><td colspan="2"></td><td>小组成员</td><td colspan="3"></td></tr>
<tr><td rowspan="2">学生自评</td><td colspan="7">1. 学习态度：优（　　）良（　　）合格（　　）不合格（　　）
2. 参与小组讨论活动情况：优（　　）良（　　）合格（　　）不合格（　　）
3. 掌握知识情况：优（　　）良（　　）合格（　　）不合格（　　）
4. 能力提高程度：优（　　）良（　　）合格（　　）不合格（　　）
本次学习活动表现不足的地方：
本次学习活动需要改进的地方：</td></tr>
<tr><td>自评成绩</td><td>优秀</td><td></td><td>良好</td><td></td><td>合格</td><td>不合格</td></tr>
<tr><td rowspan="22">老师评价</td><td>出勤情况</td><td colspan="2">请假____天</td><td>迟到____次</td><td>早退____次</td><td colspan="2">缺勤____次</td></tr>
<tr><td>分类</td><td colspan="2">评价内容</td><td>满分</td><td colspan="2">意见</td><td>评分</td></tr>
<tr><td rowspan="6">态度能力</td><td>1</td><td>考勤纪律情况</td><td>5</td><td colspan="2"></td><td></td></tr>
<tr><td>2</td><td>学习适应能力</td><td>5</td><td colspan="2"></td><td></td></tr>
<tr><td>3</td><td>虚心好学态度</td><td>5</td><td colspan="2"></td><td></td></tr>
<tr><td>4</td><td>任务完成能力</td><td>5</td><td colspan="2"></td><td></td></tr>
<tr><td>5</td><td>自我管理能力</td><td>5</td><td colspan="2"></td><td></td></tr>
<tr><td>6</td><td>自我学习能力</td><td>5</td><td colspan="2"></td><td></td></tr>
<tr><td rowspan="8">专业能力</td><td>7</td><td>专业知识能力</td><td>5</td><td colspan="2"></td><td></td></tr>
<tr><td>8</td><td>专业技术能力</td><td>5</td><td colspan="2"></td><td></td></tr>
<tr><td>9</td><td>知识应用能力</td><td>5</td><td colspan="2"></td><td></td></tr>
<tr><td>10</td><td>独立操作能力</td><td>5</td><td colspan="2"></td><td></td></tr>
<tr><td>11</td><td>专业学习能力</td><td>5</td><td colspan="2"></td><td></td></tr>
<tr><td>12</td><td>发现问题能力</td><td>5</td><td colspan="2"></td><td></td></tr>
<tr><td>13</td><td>观察判断能力</td><td>5</td><td colspan="2"></td><td></td></tr>
<tr><td>14</td><td>操作技能水平</td><td>5</td><td colspan="2"></td><td></td></tr>
<tr><td rowspan="6">方法能力</td><td>15</td><td>组织策划能力</td><td>5</td><td colspan="2"></td><td></td></tr>
<tr><td>16</td><td>团体协调能力</td><td>5</td><td colspan="2"></td><td></td></tr>
<tr><td>17</td><td>沟通交流能力</td><td>5</td><td colspan="2"></td><td></td></tr>
<tr><td>18</td><td>解决问题能力</td><td>5</td><td colspan="2"></td><td></td></tr>
<tr><td>19</td><td>语言表达能力</td><td>5</td><td colspan="2"></td><td></td></tr>
<tr><td>20</td><td>随机应变能力</td><td>5</td><td colspan="2"></td><td></td></tr>
<tr><td colspan="4">评价分数合计</td><td>100</td><td colspan="2"></td><td></td></tr>
<tr><td colspan="2">成绩评定</td><td>优秀</td><td></td><td>良好</td><td></td><td>合格</td><td>不合格</td></tr>
<tr><td colspan="2">老师签名</td><td></td><td>日期</td><td colspan="4"></td></tr>
</table>

思考与练习

一、思考与案例分析

案例一——团体接待任务的制定

【案例】

6 月 18 日晚上，某四星级酒店大堂内，3 个旅游团同时抵店，散客在总台排队登记。前台接待员小张和小李有条不紊地分别接待团体和散客。小张是老员工，接待团体特别有经验，她向陪同核对后，发给陪同房卡，让他逐一分给了 20 位客人。小李则马上通知房务中心、总机客人入住情况，随后做电脑录入。录毕，小张核对团体接待计划时发现计划书 HNWZJ－0513A 团号与陪同给她的订房单上团号不一致，陪同订房单上的团号为 HNWZJ－0513B。小张顿时产生疑问，在与预订处核对后，发现旅行社传真上清楚地写着 HNWZJ－0513B。此时，小张找到陪同，原来这个团订的是另外一家四星级酒店，她意识到麻烦的事就要来临：A 团很快也将到达酒店，B 团住了 A 团的房间，这时如果让 B 团换酒店，显然不可行，此事唯一解决办法就是让已入住的 B 团陪同与 A 团陪同联络，让 A 团陪同立即改变方向，带团去另外一家四星级酒店。

情景分析

（1）接待员在接团时要逐项核对计划书与旅行社订房单是否相符，防止只报社名、人数、国籍而不详细注明其他订房要点的现象出现。

（2）预订处在与旅行社核对团体资料时，应详细问明每一团体的情况。如团号上注明 A、B 团时，应作特别提醒，可用荧光笔画出。

（3）行李房在接受行李时应核对团号，发现有误时，应及时提醒总台。

（4）如果团体有事先发来名单，则在入住时，接待员应该对入住登记客人姓名与团体客人分房名单上的姓名是否相符，提前发现问题，防患于未然。

★想一想：团体接待要注意什么问题？接待员应做些什么工作？

____

____

____

案例二——成功开放参观

【案例】

浙江某三星级酒店（以下简称“A 酒店”）开业在即，酒店管理层决定前往上海同等级酒店进行交流学习，在熟人的介绍下，上海某三星级酒店（以下简称“B 酒店”）同意其前往参观。B 酒店大堂副理聪聪接到了酒店这一行政接待安排的通知，立即开始着手布置，制作了接待方案并通知了相关接待部门，并于贵宾来店参观前一天，进行了检查及接待任务的落实工作。次日，A 酒店的管理层在副总经理的带领下来到了上海，因为准备充分，B 酒店的大堂副理早已在大门处等候，客人一到便被引领到酒店的各个部门进行参观。参观结束后，客人又要求安排对口部门管理人员的座谈会，大堂副理聪聪立即将这一情况汇报给总经理，并在总经理的指示下，快速地安排了相关人员前来座谈。由于目的明确，安排妥当，这次活动得到了参观人员的称赞。

情景分析

酒店通常不愿接待大规模的参观，尤其是不熟悉酒店的参观者，其理由很简单：担心酒店的氛围被破坏，而使酒店形象受损。该案例中，B 酒店领导不怕露底给同行，毅然同意别家酒店来参观，而且以贵宾的接待方式有条不紊地带客人进行了参观，表现了 B 酒店领导敢于竞争的精神。

在参观者提出额外要求的情况下，大堂副理处理问题的方式给同行们留下了深刻的印象。

★想一想：以上案例对你有何启示？

____

____

____

二、思考与拓展训练

团体入住登记训练（以小组为单位进行训练）

学习情境三

酒店特色项目的推荐服务

引　言

酒店的特色服务项目是由酒店的各个部门提供的，而让客人认识酒店的特色产品是由各岗位服务员推销的。所以，在酒店工作的每一个岗位，每一位员工都是酒店的推销员。无论何时何地，都要有强烈的推销意识，掌握推销技巧，当客人提出服务要求时，根据客人的合理要求，做好酒店服务产品的推销和服务工作，最大限度地满足客人的要求，令客人感到满意，高兴而来，满意而去，下次再来。本学习情境三是客人在酒店期间，除了住宿外的需要为客人提供的代办服务、酒店的特色服务项目、问讯服务等一系列服务。

学习活动1　个性化服务项目训练

●学习目标

1. 熟悉市内概况、酒店的产品或代办服务产品，与客人有很好的沟通，能自如地回答客人的各种问讯服务；
2. 熟练查询操作步骤、方法及各种代办服务流程，准确地为客人提供个性化服务。

学习任务

1. 组建学习小组。
2. 根据前来问讯的客人，学习与客人沟通、推销技巧，并能为客人提供个性化服务。

任务引入

阅读下面的案例，回答后面的问题。

【案例】

美国客人汤姆先生一家三口，来中国广州旅游，2013 年 5 月 15 日至 20 日入住广州某酒店的 1218 房间。汤姆先生虽然对广州有一定的了解，但因为是第一次来广州，所以还有很多项目希望得到酒店的提供或指引。因此，在住店期间，总在前台的问讯处询问关于酒店的餐饮特色、酒吧服务、广州一日游、代购代邮、留言或查询等。针对美国客人汤姆先生一家三口的各种服务要求，酒店积极努力为客人做好个性化服务。

◇思考与启发

个性化服务是酒店为了满足客人的个性要求而开展的服务，它内容广泛，要求服务员能设身处地地为客人着想，揣摩客人的想法，主动积极并发自内心地与客人进行情感之间的沟通和交流。

（1）服务员要仔细观察，积极主动、礼貌热情给予客人帮助，真正体现服务员视客人为上帝的做事原则，给客人留下良好的印象。

（2）在不违反宾馆规定的情况下，服务员要善于动脑，用思维敏捷、办事效率高的态度为客人提供个性化服务。

从总体上说，要做到优质服务，就要将个性化服务与规范化服务融合起来，个性化服务归入规范化服务越多就越能体现酒店的价值。只有做好了个性化服务，主动提供超常服务，才能使客人真正有“宾至如归”的感觉。

★想一想：如果你是前台问讯处的问讯员，你会以怎样的姿态对待客人的个性化提问？

____

____

____

任务布置

学生 8 ~ 10 人一组。以小组为单位，围绕前来问讯客人的身份，收集客人的特点，制订个性化服务方案，并按服务方案完成为客人提供个性化服务的实训。

知识链接

一、个性化服务的认知

近年来，“个性化服务”这五个字在服务行业，尤其是在酒店业几乎成为口头禅，或者说已经成了一个时髦的宣传用语。这说明个性化服务的重要性已经逐步为服务行业所认同。所谓个性化服务，基本含义是指为顾客提供具有个人特点的差异性服务，以便让接受服务的客人有一种自豪感和满足感，从而留下深刻的印象，并赢得他们的忠诚而成为回头客。个性化服务也可以指服务企业提供有自己个性和特色的服务项目，面向顾客的直接需求作出细节改良，使服务的末端环节更多融入对顾客需求的考虑，力求在顾客并不亲自参与服务设计过程的情况下，设身处地地为他们预置多种备选方案，让顾客依照自己的个性需要自由选择，改变他们在规范化服务体系中别无选择的处境，真正成为酒店服务的主人，在欣然接受酒店的服务时享受到物超所值的乐趣。

（一）个性化服务的内容

个性化服务主要有前瞻服务、善后服务、心理服务、灵活服务、应急服务、延伸服务、跟踪服务、非常规服务、癖好服务、托办服务、社会服务、电脑自选服务、意外服务、用心服务、超前服务等。以下仅选取部分进行介绍。

1. 灵活服务

灵活服务是酒店个性化服务中的基本服务，即不管是否有相应的规范，只要顾客提出的要求是合理的，就要尽最大的可能去满足。因此，个性化服务首先就要求酒店服务员具备积极主动的服务意识，做到心诚、眼尖、腿勤、手快的灵活服务。

2. 癖好服务

癖好服务是比较有针对性的个性化服务。酒店在客史档案中记录储存顾客的癖好需求，并传递到各接待点以确保整个过程中“投其所好”，对于首次出现的癖好需求，则可通过及时的灵活服务予以满足。

3. 意外服务

“雪中送炭”的个性服务是酒店服务里必不可少的一项，这种意外服务最能体现酒店对顾客的情感传递。所谓“患难见知交”，是指在客人最需要帮助的时刻，服务准确周到，其效果可事半功倍，使客人永远难忘。

4. 用心服务

（1）“用心服务”是酒店个性化服务中至关重要的一项。酒店的服务不仅要做到礼貌、热情，还要从细微处着想。

（2）周到、细致的服务，需要服务员将其服务与酒店的事业融合在一起。两者相融，能使服务员在服务中本着高度负责的精神，提供有效的服务。

（3）表现出主动性和自觉性，了解顾客的需要，才会眼观六路耳听八方，用脑去想服务，用心用情去服务。

5. 心理服务

心理服务也就是针对性服务。凡能满足客人心理需求的任何个性化服务都能提高酒店的价值。这就要求服务员有强烈的服务意识，想客人之所想，甚至站在客人的立场上看问题，使服务更加准确、到位。

6. 托办服务

托办服务是指客人由于各种原因很需要但又无法亲自处理而委托酒店代为办理的各种服务（这也是“金钥匙”服务中的一项）。它几乎无所不包，其所承担的义务以及因此为酒店带来的声誉是酒店其他任何服务都无法比拟的。

7. 超前服务

超前服务是酒店个性化服务中不可或缺的服务。

（1）服务员要在服务中注意察言观色，揣摩顾客的心理，按照顾客的要求，提供主动周到的服务。做到事前服务，服务于顾客开口之前，设身处地为顾客着想，用心服务，用实际行动去做。

（2）作为高档次酒店，那么它的餐饮服务也要具有一定的特色。餐饮是依靠传统的手艺为消费者服务，工种多、分工细、要求高、技术性强。每个环节的配合十分重要，每个岗位都要合理安排，合理分工。

（3）酒店要想在竞争中占绝对优势，就需要一个很好的团体去管理，并且是有特色、特殊的管理。

（二）个性化服务的基本要素

由于个性化服务的灵活性较大，因此要求服务员在个人服务意识的职业素养上具备以下要素：

1. 熟悉、掌握酒店规范化程序和各岗位操作规程

规范化的服务程序是个性化服务的基础，它可以反映出酒店的整体服务水平和特色，个性化服务是规范化服务的继续和补充。不仅如此，在实施个性化服务时，为满足客人的特殊要求，所提供的服务往往会超出酒店职能部门的界限，通过对各部门的统一协调来为客人提供服务。所以，服务的执行者——服务员，必须熟悉和了解酒店各部门的操作规程，必要时应打破部门的局限，为客人提供及时的服务。

2. 熟悉、了解相关业务知识

酒店业是一个知识更新很快的行业，它所提供的服务始终是以不同客人不同时期不同需要为中心。这就要求服务员要快速更新和掌握相关的业务知识，如当地的气候、旅游动态、商务动态、航班信息等。同时，对于不同时期客人的需要、各地的民风特点等相关知识，应该有所掌握，这样，在服务过程中才能做到有的放矢。

3. 具备超前意识

“想客人之所想，急客人之所急”，是提供优质服务的一个基本点，但在提供个性化服务时，服务员应加入超前意识使服务更加完美。例如：客人有客到访，房间内有 5 人，这时值班的服务员应主动添加茶具供客人使用，还应征求客人的意见，是否需要其他服务如订餐等。又比如：客人在询问到某景点应该怎么走时，服务员除了告诉客人路线外，还可以介绍沿途的景点、景区以及返回酒店的最佳路线。如果客人是外籍人士，还可以为客人准备一些中英文双语的短句和铅笔、纸张供客人沿途问路时使用。

4. 在最短时间内消除与客人的陌生感

作为身处异乡的人，最不习惯的就是周围环境的陌生感。所以，在接到客人入住的消息后，服务员要尽快熟悉客人的个人资料、生活习惯。这样，在为客人服务时灵活运用，才能拉近与客人的距离，为他们创造一个真正的“家外之家”。

5. 个性化服务要具有持续性

不论是以天数，还是以客人入住的次数来记录，只要是相同的客人，对他所提供的个性化服务都应该是持续性的。如客人上次或前一天认为最满意的服务是怎样的，这次为他服务时还应是怎样的，小到一杯咖啡放几块方糖，大到入住房间的摆设、楼层、房号都应

该以前一次客人入住时最满意的服务为基准，这样可以减少客人对酒店的陌生感，吸引更多的回头客。这就要求服务员在服务时，要有敏锐的洞察力，还要对客人的特殊服务进行详细的记录，建立客户档案，这也是实施个性化服务的重要环节。

（三）个性化服务的特点

个性化服务是一种定制化的服务。定制化服务模式要求服务员既要掌握客人共性的、基本的、静态的和显性的需求，又要分析客人个性的、特殊的、动态的和隐性的需求。它强调一对一的有针对性服务，提倡“特别的爱献给特别的您”。

定制化服务是一种人性化的服务。定制化服务的核心是人性化，强调的是用心为客人服务，要求充分理解客人的心态，细心观察客人的举动，耐心倾听客人的要求，真心提供真诚的服务，注意服务过程中的情感交流，使客人感到服务员的每一个微笑、每一次问候、每一次服务都是发自肺腑的，真正体现一种独特的人文关怀。

最后，定制化服务是一种极致化的服务。定制化服务以提高客人的满意度为基本准则，追求的是极致的效果。这就要求服务员必须做到尽心精心。所谓尽心，就是要求竭尽全力，尽自己所能。所谓精心，就是要求超前思维，一丝不苟，精益求精，追求尽善尽美。

二、问讯服务知识介绍

（一）问讯服务概述

问讯处

问讯处设在酒店的中心位置，是酒店主要的信息源。问讯处作为客房销售的主角，必须为客人提供关于酒店的设施及服务项目的准确信息。有关酒店所在地的各种资料和主要活动，也是客人询问的内容。问讯服务包括查询信息、留言服务、客房钥匙管理、处理客人邮件等服务。毋庸置疑，问讯处提供的信息越多，越能满足客人的需求。

问讯服务

（二）问讯服务岗位职责

（1）上班前5分钟到达岗位，并检查仪容仪表。

（2）与上一班当班人员进行交接，相关问题要当面问清。

（3）在“交班簿”上签字并阅读“交班簿”。

（4）了解当天酒店的最新动态与房态，熟悉当天抵店的VIP的情况。

（5）检查邮件等是否已交给相关客人，检查有无留言、留言灯是否还亮。

（6）午间时取出当天的报刊及客人信件，检查完之后交给行李主管处，同时检查传真等。

（7）整理、处理信件与传真等，做好当班的传真营业报表。

（8）如当班时有委托代办事宜，须详细记录在专门的簿册上，尽量在当班时完成，万一未能完成，则要详细交代给下一班。

（9）将所有留言处理完之后，关掉留言灯。

（10）清理杂物，搞好柜台卫生，清点办公用品，及时进行补充。

（11）做好当天酒店内部的传真营业报表，将客人的信件寄出。

（12）进行交接班。

（三）问讯员应掌握的信息范围

酒店及酒店所在的城市对大多数客人而言是个陌生的地方，问讯处员工要耐心、热情地解答客人的任何疑问，做到百问不厌、态度和蔼可亲。问讯员必须熟悉的信息有：

（1）了解主要客源国的风土人情、生活习惯、爱好、忌讳等。

（2）熟悉酒店的所有服务实施、服务项目和收费标准。

（3）了解酒店的组织体系、各部门的职责范围以及相关负责人的姓名。

（4）熟悉酒店的有关政策。

（5）熟悉国际、国内主要航班所属的航空公司的名称及抵离时间。

（6）熟悉特快列车及有关快车的车次及抵离时间。

（7）了解酒店与周围主要城市的距离及抵达方法。

（8）了解酒店所在城市的电影院、戏院、大型展览馆等主要活动场所的地址，以及正在上演的节目、剧情简介、入场费等信息。

（9）了解与酒店挂钩的医院名称、电话号码及地址。

（10）熟悉本市主要银行的名称、地址、电话号码、营业时间。

（11）熟悉本市的市内交通情况。

（12）熟悉本市各参观旅游点的名称、概况、特色以及与酒店的距离。

（13）熟悉本市各体育场所的地址、开放时间、收费方法以及与酒店的距离。

（14）熟悉本省乃至全国各主要风景点的名称、特色及抵达方法。

（15）掌握世界各主要城市的时差计算方法。

（16）了解本市政府机关、公安保卫部门、外事旅游部门的地址、负责人姓名及电话号码。

（17）熟悉本市各使、领馆的地址及电话号码。

（18）了解本市各著名餐馆的经营特色、地址、营业时间。

（19）熟悉本市各宗教场所的名称、地址、开放时间。

（20）熟悉本市各大型百货商场、购物中心的经营特色、地址。

（21）了解当天的天气预报。

问讯处员工需要掌握的信息范围很广。客人所提的问题，有些很容易回答，有些则不易回答，对于不能立即解答的问题，问讯处员工应该通过查询资料或请教他人的方法予以答复。切记，在任何时候，都绝不能对客人说："我不知道。"

（四）问讯员的服务要求及职业道德

1. 良好的职业道德

（1）微笑服务。

（2）百问不厌。

（3）严格遵守保密制度。

（4）不泄露不应提供的信息。

2. 过硬的业务知识

为了提高工作效率，问讯员不仅要熟练掌握酒店内设施的位置、服务项目和营业时间，还要熟练掌握问讯服务的内容和程序，熟悉酒店各部门的情况以及当地企业简况和旅游常识。在对客人进行服务的过程中，要热情、主动、耐心，回答问题准确、清楚、简明扼要。对不能回答或超出业务范围不便回答的问题，应向客人表示歉意或查阅有关资料，请示有关部门后回答，切不可想当然。

3. 良好的沟通技巧

问讯员必须对酒店的形象负责，同时努力推销酒店的设施和服务，因此要注意形象，练就较强的推销沟通能力。在服务过程中要满足客人多样化、不可预知的需求，只有服务的满腔热情、真心诚意和尽心尽力是不够的，要求每一名员工以客人需求为中心，研究客人的需求规律，掌握与客人有效沟通的技巧，实现满意、超值和惊喜服务。

表 3－1　良好的沟通技巧的体现

项目	内容
把握需求	根据客人以往入住本店的信息，准确掌握客人的喜好，有针对性地满足客人的需求；根据客人职业、年龄、身份等特点，把握客人的潜在需求，介绍和推销酒店服务产品与特色才有针对性。
赢得信任	认真倾听客人的要求，真心诚意地帮助客人；耐心、细致地回答客人的咨询，恰当地提出建议供客人参考与选择。只有设身处地地为客人着想，赢得客人的满意与信任，服务工作才能更加有效。
熟知产品	熟知酒店餐饮、会议等服务特色与标准；准确掌握客房、餐饮场地等使用情况，能够及时准确地提供客人需要的产品信息。准确的产品描述、恰当的建议，可以让客人更愿意选择酒店的服务。
连锁介绍	熟悉酒店周围环境，如交通、购物、旅游、区位优势等，既能够更好地满足客人的需求，又可以连带介绍酒店产品。

4. 良好的销售技巧

良好的销售技巧主要是要以微笑迎接客人，保持愉悦。在销售酒店和服务的同时也在推销自己；与客人保持眼神的接触；找出客人的名字，在对话中至少称呼客人三次；试图识别出客人的需要。同时还必须注意以下几方面：

（1）掌握客人特点。

商务客人是公费出差，日程安排紧，可以推销安静的、有办公桌、便于会客、价格高的客房，并在一些服务项目上给予免费或优惠；可向旅游客人推荐景色优美的客房；向新婚夫妇、社会名流、高薪阶层人士推荐套房；向携子女的父母推荐连通房、相邻房；向老年人推荐靠近电梯、餐厅的客房等。

（2）介绍酒店产品。

多数客人会在旅行中携带一定数额的现金。前厅服务员在了解酒店的销售政策及价格变动情况下，还可以介绍包括会议、宴请、餐厅、酒吧、茶座、商务中心、洗衣、理发、游泳、康乐、商场、停车场等设施服务，以及在酒店内举办的娱乐活动和当地举办的各种节日活动及接受的付款方式。

（3）巧妙地商谈价格。

在与客人商谈价格时应使客人感到酒店销售的产品是物有所值的。可根据客人的特点，在其喜欢的客房前面加上恰如其分的形容词，如湖景房、海景房、中式套房、西式套房等。除了介绍客房的自然特点外，还应强调客房对客人的好处。引导客人，帮助客人进行选择。

（4）主动带客人参观。

当客人选择客房中表现犹豫时，可建议带其参观客房，参观中要自始至终表现出有信心、有效率、有礼貌。即使客人不住，也要对客人的光临表示感谢并欢迎其再次光临。

（5）尽快作出安排。

客人在参观中对客房感兴趣的话，应以提问的方式促使客人作出选择。一旦客人作出选择，应对客人的选择表示赞赏与感谢，并立即为客人办理入住登记手续，缩短客人的等候时间。

（五）问讯处应准备的资料

问讯处准备大量的书面资料或把相应的资料输入电脑，以便准确地回答客人的问题，这些资料应根据实际情况的变化和客人的要求随时调整。应准备的资料有：

（1）飞机、火车等交通工具的时刻表、价目表及里程表。

（2）世界地图、全国地图、本省及本市的地图。

（3）旅游部门出版的介绍本国各风景点的宣传册。

（4）本酒店及本酒店所属集团的宣传册。

（5）电话号码簿。

（6）邮资价目表。

（7）酒店当日活动安排表。

（8）当日报纸。

（9）掌握住客的资料：为方便查询，酒店住店客人的名单通常是按姓名的音序排列的。问讯员对于住客资料的掌握，可以通过了解住店人的名单和其他信息来获得。

（10）熟练使用先进的问讯设备：能熟练使用问讯架及电脑，以提高问讯处的工作效率，并随时准备提供客人的确切情况。

（11）准备好各类表格。

表 3－2　住客留言单

From 自 ________			
To 给 ________			
Room No. 房号 ________		Date 日期 ________	
Between 在 ________ am. /pm.		To 至 ________ am. /pm.	
I will be at 我将在 ________			
Message 留言 ________			
Operator 总机 ________		Time 时间 ________	

表3-3　访客留言单

From 自 ____________________
To 给 ____________________
Room No. 房号 ____________　Date 日期 ____________
Telephone 电话 ____________________
○Will call again 会再打来　○Please call back 请打过去
○Will come again 会再来
Message 留言 ____________________
____
____
Clerk 话务员 ____________　Time 时间 ____________

表3-4　住客通知单

日期：____________　房号：____________
________先生/女士
　　兹收到电传/传真________份；电报________份；挂号信________份；包裹________份，请联络问讯处索取。
　　顾客签名：____________
　　经 办 人：____________

表3-5　传真留言信封

Add 地址：
Tel. 电话：
Http 网址：
C. P. 网址：
Fax - Message 传真或留言
Name 姓名：　Room No. 房号：
Add 地址：
C. P. 邮编：

表 3－6　住店客人邮件传递登记表

日期	时间	房号	姓名	种类	号码	经办人	收件人签名	收件时间	备注

表 3－7　邮件转寄单

请您填写　　　　　　　　　　日期
PLEASE PRINT　　　　　　　　Date ________

姓名　　　　　　　　　　　　房号
Name ________　　　　　　　Room No. ________

转寄地址
Forward to ________

截至日期
Until ________

超过以上日期请送到
After above date forward to ________

在中国办事处地址　　　　　　电话号码
Agent in China ________　　　Tel. ________

永久地址
Permanent address ________

注意：邮件转寄服务仅在 30 天内有效。
Note: Forwarding address good for only 30 days except any further information.

三、基本操作技能训练

（一）查询服务

1. 住客查询服务流程及操作标准

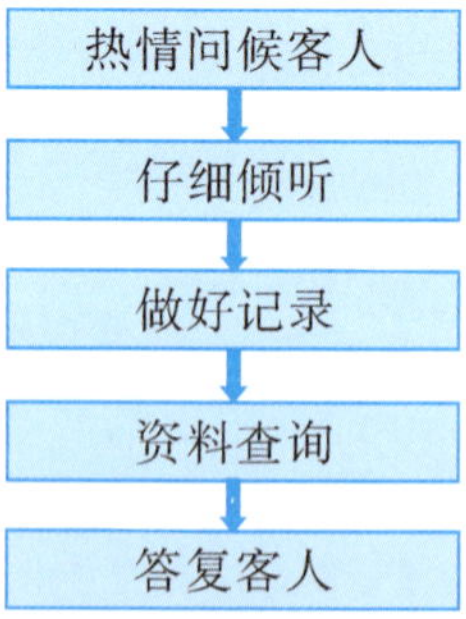

图 3－1　住客查询服务流程

表 3－8 住客查询服务操作标准

流程	操作标准
热情问候客人	当客人来到服务台前时，主动热情问候，问清并称呼姓名（如果在忙碌，示意客人不会久等。如客人已等候多时，应向客人致歉）。
仔细倾听	仔细聆听客人咨询的主要内容，如酒店政策、酒店服务产品、市内概况（交通、旅游）。
做好记录	详细记录住客的姓名及需查询的资料信息。
资料查询	根据客人提供的需查询的资料信息，通过电脑迅速查找相关资料和电脑档案。
答复客人	对熟悉的情况，随问随答，并做好向导及推销员的作用；对不清楚的问题，请客人稍等，查询后给予答复；对不清楚一时又查不到的问题，应记下客人的姓名、房间号及询问内容，回复客人并向客人道歉。

2. 访客查询服务流程及操作标准

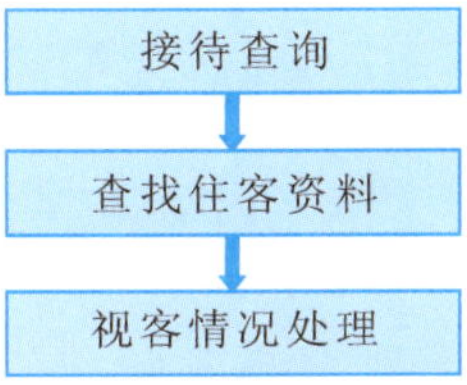

图 3－2 访客查询服务流程

表 3－9 访客查询服务操作标准

流程	操作标准
接待查询	微笑接待，仔细聆听，并做好记录。
查找住客资料	①查看当天抵店客人的订房表，或当天预计抵店的客人名单。 ②查看当天结账客人名单。 ③从客史档案中查找，看客人是否曾住店或已离店。 ⑤从订房表中找，看客人是否将会入住。
视客情况处理	①客人尚未抵店的：请访客在客人预计到达日期再来。 ②客人已退房的：向访客说明情况，若客人有留言，查看客人委托事项或留言，告知访客离店后的去向和地址；若客人无委托或留言，则对客人行踪予以保密。 ③客人仍在店的：询问访客姓名；打电话给住客，征询住客意见，确定住客是否接听，或将电话转入房间，或婉言回拒。 ④查不到住客信息的：向查询者解释或提供其他线索，帮助查找。

注：访客查询住客，问讯员首先应问清来访者的身份和姓名以及其与住店客人的关系等，然后打电话给被查询的客人的房间，客人表示同意后，才能让访客进入楼层造访。如果客人不在房间，问讯员应严格遵照保护客人隐私权的原则，不能随便将客人的房间号码告诉来访者，更不可以随便让来访者进入房间。

（二）留言服务

1. 访客留言

当被访的客人外出时，要问访客是否愿意留言，如果愿意留言，接待员应记录访客的留言内容，也可以只记录来访这件事及访客的相关信息。访客的留言一定要记录在访客留言单上，以防漏传或误传访客的信息，最好能用打时机在留言单上打上时间。访客给住客的留言单一式三份，其中第一联放在问讯处；一份送话务员处，由话务员打亮客房内电话机上的留言指示灯（有的酒店接待员在柜台上就能顺利完成此项工作），客人返回后发现指示灯亮着，可以打电话查问留言内容，话务员则向客人口述；一份由行李员从客房门下塞入客房。

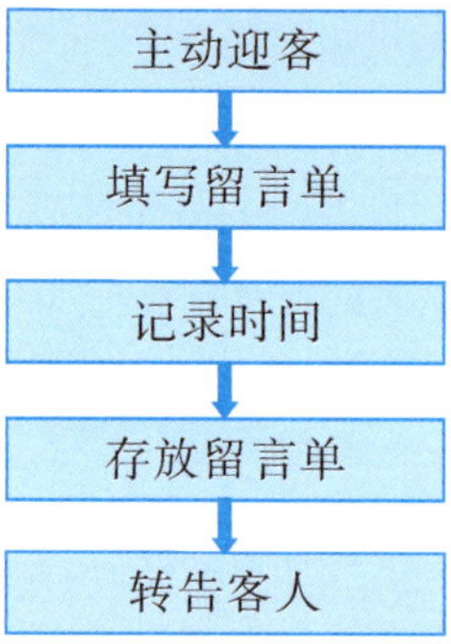

图 3－3　访客留言服务流程

表 3－10　访客留言服务操作标准

流程	操作标准
主动迎客	问讯员微笑迎客，敬语问候，询问客人是住客还是访客，需要何种服务。
填写留言单	请访客在留言单上填写留言，或由访客口述，问讯员记录并认真检查核对。
记录时间	准确记录当时的时间。
存放留言单	将填好的留言单放在留言箱内。
转告客人	住客回来后及时将留言转交住客。

2. 住客留言

住客留言是住店客人给来访者的留言。住店客人欲离开房间或酒店时，希望给来访者留言，这时，问讯员请住店客人填写住客留言单。住客留言单通常一式两联，问讯处、电话总机各保存一联。来访者到达后，经核实，将留言单或内容转告。

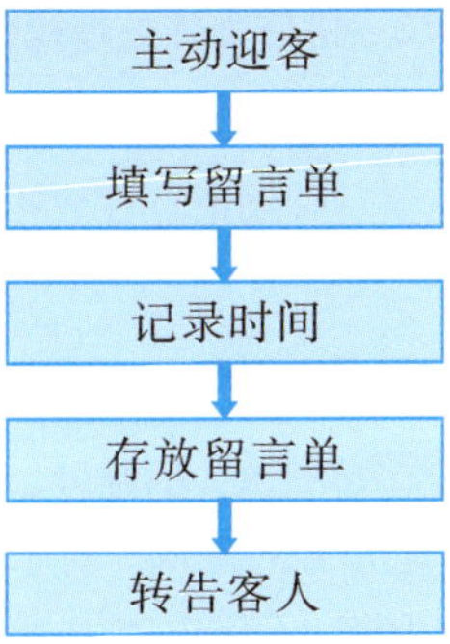

图 3－4　住客留言服务流程

表 3－11　住客留言服务操作标准

流程	操作标准
主动迎客	问讯员微笑迎客，敬语问候，询问客人是住客还是访客，需要何种服务。
填写留言单	请住客在留言单上填写留言，或由住客口述，问讯员记录并认真检查核对。
记录时间	准确记录当时的时间，并说明留言内容的有效期限，保留到住客指定的时间内，如果在指定的期限内，来访客人尚未取走，酒店可以将留言单作废处理。
存放留言单	将填好的留言单放在留言箱内，交接班时要将留言情况交代清楚。
转告客人	访客到时及时将留言转交访客。

注：接受客人电话留言时，要听清客人的留言内容，准确记录。经复述，客人确认无误后，由服务员为其填写留言单，然后按留言服务程序办理。

（三）托办服务

托办服务是指客人由于各种原因很需要但又无法亲自处理而委托酒店代为办理的各种服务（这也是“金钥匙”服务中的一项）。

1. 邮件（邮件及包裹）的处理

（1）邮件处理的基本要求：细心、准确、快捷、保密，遵守先客人，后酒店——先贵宾、常客，后普通客人——先急件、快件，后普通件——先传真、电报、挂号信、特快专递，后一般平信的原则。

（2）进店邮件处理服务流程及操作标准。

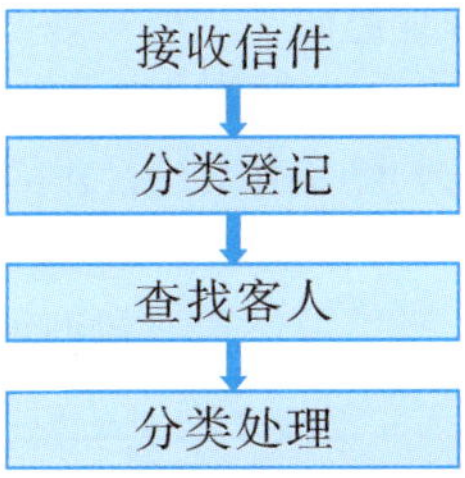

图 3－5　进店邮件处理服务流程

表 3－12　进店邮件处理操作标准

流程	操作标准
接收信件	对于邮局送来的邮件，问讯员应仔细清点件数并在邮递员的收件簿上签字。
分类登记	①给进店邮件分类。 ②给有邮戳的邮件打上收到日期，并在“客人邮件收发簿”上登记。
查找客人	将邮件按类别进行分类查找，对于客人的邮件，根据邮件上的信息查找客人，按客人房号发一份“住客通知单”，通知客人来取。对于特快专递，应该立即通知客人，或立即请行李员送到客人房间，并请客人签收。酒店邮件由行李员送到有关部门。
分类处理	客人在酒店的处理：查找到客人后尽快将信件送给客人，并请收件人签收。
	特殊邮件的处理： ①接收信件：收到挂号信、包裹单、汇款单、邮政特快专递、急件等邮件的，立即与电脑上的资料核对，查看邮件是否与住店客人的姓名和房号吻合。 ②查找客人：尽快查找到客人。 ③迅速送给客人：若客人要求送至客房，则帮助客人将邮件送到客房给客人；如客人不在房内，则发一份“邮件通知单”，并在信笺记录本上做好记录；也可通过电话总机，在客人房内电话机上亮起红灯，表明有留言。 ④客人领取特殊邮件时要查看有关证件，并请客人在邮件收发单上签字。
	客人已离开的邮件处理： ①对于寄给已离店客人的邮件，在确认该客人离店后，应在邮件上注明客人的离店时间。 ②如果客人离店时有交代，并留下地址委托酒店转寄的，酒店应按要求转寄。 ③如客人未作任何交代，又属普通信笺的，则在邮件上注明保留期限为 5～10 天，过期按寄件人的地址退回。 ④特快专递通常按寄件地址及时退回。
	客人尚未抵店的邮件处理： ①在邮件上注明抵店日期，然后将邮件放在指定的格子内，并在客人的“订房委托单”上注明有邮件。 ②在客人抵店前，将邮件取出交给总台服务员，接待员在客人抵店办理入住登记时交给客人。
	对于“查无此人”的邮件，根据不同的情况进行处理： ①寄给已离店客人的邮件，如果客人离店时留下了地址，并委托酒店转寄邮件，酒店予以办理，否则按寄件人的地址退回。 ②有预订但未抵店客人的邮件，与该客人的订房资料一并存档，待客人入住时转交。 ③客人订房后又取消了订房，除非有委托，并留下地址，一般要将邮件退回。 ④凡根据电脑资料无法查到客人的急件，在信件上加盖“查无此人”印章，同时打上收件日期、时间，立即退回；平信可保留一段时间（一般不超过一个星期），经过查对，确实无人认领后再退回。

（3）出店邮件处理服务流程及操作标准。

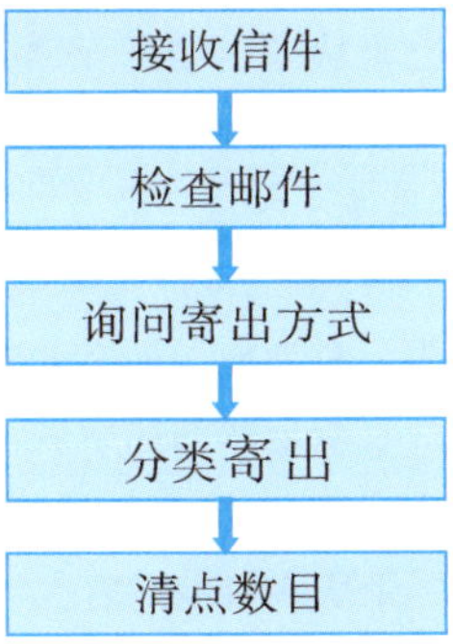

图 3－6　出店邮件处理服务流程

表 3－13　出店邮件处理操作标准

流程	操作标准
接收信件	接受客人交来准备寄出的邮件时，先仔细检查邮件的种类，对难办理的邮件应该礼貌地向客人解释，并委托代办代表处理。
检查邮件	检查邮件是否属于禁寄物品，不能邮寄时要耐心解释。检查邮件是否超重，字迹是否清楚，项目是否填全，并请客人当面处理好。
询问寄出方式	询问客人邮件的寄出方式，并在邮件上注明。
分类寄出	将所有要寄出的邮件进行分类，每日在指定的时间前送邮局统一办理邮寄，并做记录。邮件寄出后，将邮局开出的收据送交客人。
清点数目	每班结束工作时，清点邮件数目及现款。

2. 代办票务服务

（1）代办票务服务内容。

代售香港、澳门直通巴士票，广州至香港火车票，国内机票、确认机票，珠江夜游船票，广州一日游、广州外宾一日游及代售各类型的演唱会门票。

（2）代办票务收费标准。

表 3－14　代办票务收费标准

代办项目	收费标准
代售香港直通车票（火车票）	每张收取 5 元服务费。票价：一等成人￥172，一等小童￥91，特等成人￥210，特等小童￥110。
确认机票	住客确认国内机票收费 10 元/张，确认国际机票收费 50 元/张。

（续上表）

代办项目	收费标准
代售番禺莲花山港广州—香港船票	船务公司提供免费巴士从酒店接送至番禺莲花山港客运码头，船票价：普通成人票￥145，普通小童票￥73；头等成人票￥165，头等小童票￥83；贵宾房成人票￥185，贵宾房小童票￥93。
代售天字码头珠江夜游船票	票价为￥138、108、98、68、48，整个航行过程1.5小时，具体每天的班次、船只、票价以当天码头公布为准。如客人要报名，需打电话去天字码头订位，在商务中心出具订票单，收取全额的船票款，客人凭订票单到码头换船票。
代办外宾一日游	代理旅行社是广之旅，可提供广州一日游、广州半日游、珠江夜游、佛山一日游、莲花山一日游、肇庆一日游。客人需提前一天报名，确认后凭出团通知书在商务中心等候导游，旅行社派车到酒店接客人，全程英语导游。
代办广州一日游	代理旅行社是广州岭南旅行社，出发时间是早上8时，出发地点是广州宾馆，费用为118元/人（含午餐），其中有2个景点需自费，二选一，分别是黄埔军校及越秀公园，费用均为38元，导游只讲中文。

（3）提供订票服务时的注意事项。

1）住店客人提出预订机票、火车票，或提出修改航班、车次时，服务员应询问清楚客人的要求，按酒店规定的受理票务规程办理。

2）填写订票委托单时，要写明客人的姓名、房号以及预订票的日期、班次、等级、目的地等，并当面问清客人，如果不能订到预计日期的票，可否改订其他日期的航班或车次。

3）预收订票款，留下客人的身份证件，并在订票委托单上注明“已收订票款”，并向客人说明是否收取手续费。

4）按时取票、送票，并当面将客人的身份证件、票额余款及相关收据等如数交给客人。

（4）代办票务服务流程及操作标准。

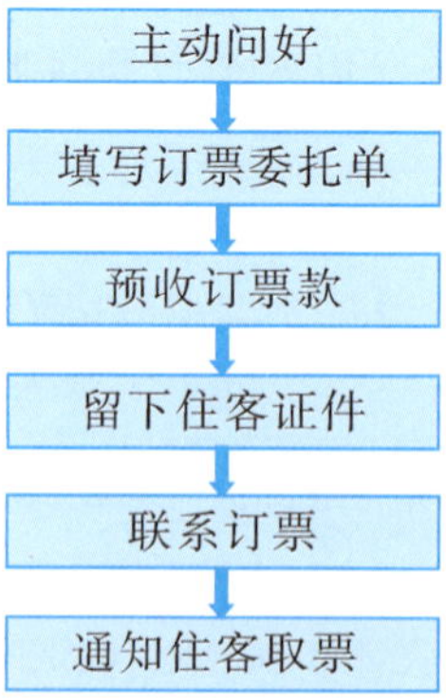

图3-7　代办票务服务流程

表 3－15　代办票务服务操作标准

流程	操作标准
主动问好	主动向客人问好，询问客人有什么需要，并做好记录。
填写订票委托单	①客人凭“房卡”填写订票委托单，注意填写客人姓名、房号、交通工具类别、所乘日期、班次和时间，以及无法满足时，是否还有第二选择的日期、班次、交通工具类别。 ②核对委托单，请客人签字。 ③将订票委托单第一联交票务经办人。 ④将订票委托单第二联交给客人，作为取票凭证。 ⑤将订票委托单第三联留底存档。
预收订票款	①请客人预交票款。 ②向客人说明手续费的金额。 ③点清票款，在委托单上注明预订金额。 ④经票务员签名后将收据交给客人。
留下住客证件	审查要求订票客人的证件，察看是否有所到国家或地区的签证，以及证件是否在有效期内。
联系订票	①若没有订到客人要求的票，应及时征询客人的意见。 ②若客人同意改期或改订其他交通工具，立即与有关部门确定。
通知住客取票	①核对订票委托单。 ②交付客人票和余款，并请客人当面点清。 ③若使用订票袋，则将订票袋交给客人，并请客人当面点清。

四、常用英语

1. Useful Expressions

(1) I'm afraid he has already checked out.
恐怕他已经结账离店了。

(2) We don't know when he left the hotel.
我们不知道他何时离开酒店的。

(3) There's no guest with that name.
没有叫这个名字的客人。

(4) Would you like to leave a message?
你想要留言吗?

(5) May I read back the message to see if it is correct?
我把留言念一下，请您听听是否正确?

(6) Shall I ask him to call back when he comes back?
他回来后是否要他给您回电话?

(7) He asked us to tell you to meet him in the cafe.
他让我们转告您去咖啡厅与他碰面。

(8) There is a Mr. Black who wants to see you. Shall I ask him to go up?
有一位布莱克先生想见您，我叫他上来好吗？
(9) I'm afraid we can only call the public areas.
对不起，我们只能呼叫公共场所。
(10) I'm afraid we can take simple message.
对不起，我们只能转达简短的口信。
(11) It weights … grams. So that will be … Yuan.
重……克，邮费……元。
(12) It takes about … days to reach (get to) …
寄到……要……天。
(13) I'd like to mail the package of books to New Zealand.
我想把这包书寄到新西兰。
(14) We have telex and fax service in our hotel.
我们酒店有电传和传真服务。
(15) The sauna is in the Recreation Center opposite to the entrance of the lobby of the west wing.
桑拿浴在西楼大厅门口对着的康乐中心内。
(16) We do not charge for getting in the health club.
进健身房不收费。
(17) You can request massage service.
您可以要求按摩服务。
(18) Downtown is ten – minute driving from our hotel.
从我们酒店到市中心，坐车需 10 分钟。
2. Notes
service charge　房价
leave a message　留信，留口信（指留言给客人）
air mail　航空邮寄
ordinary mail　普通邮寄

任务准备

一、场地准备

一间能容纳 40 人的模拟实训室。

二、物品准备

两部直播分机电话、记录单、笔、酒店内部电话表、宾客信息指南、当地地图、当地电话黄页、邮资价目表、邮政编码表等。

三、学生团体组建

请在规定时间（15 分钟）内自行组建 5 个学习小组（8 ~ 10 人一组）。分好组后，每组选出组长，并以小组为单位填写表格。

表 3 – 16 学习小组成员组成表

组名	
组长姓名	
组员姓名	

四、教师下发任务

任务书

1. 任务目标

（1）收集美国客人汤姆先生一家三口的性格、爱好。

（2）围绕汤姆先生提出的餐饮特色、酒吧服务、广州一日游、代购代邮、留言或查询五个项目做好个性化的服务。

2. 任务要求

（1）在教师的指导和辅助下，以小组为单位完成美国客人汤姆先生一家三口的性格、爱好收集任务，同时收集餐饮特色、酒吧服务、广州一日游、代购代邮、留言或查询五个项目的相关资料。

（2）按照教师的布置，每个小组重点完成对汤姆先生一家三口一个项目资料的收集，并根据收集到的资料，为汤姆先生一家三口制订一个个性化服务的方案并组织完成实施，并制订一份访客留言服务方案。在制订方案时要注意：

1）各小组学生分成两组，以问讯员的身份和汤姆先生身份制订方案，以方便对话训练的练习。

2）每小组制订方案时，注意汤姆先生一家三口的性格、爱好和项目要求，有针对性地提出可行性的个性化服务方案。

3）方案训练时间控制在 8 分钟内。

3. 活动规则

（1）各组自行做好计划书，明确分工。

（2）活动过程必须全体组员参与。

（3）要通过各种形式（照片、视频、漫画、实操演练等）将活动过程记录下来。

（4）任务完成后，要向全班同学汇报，并展示任务的完成过程。

任务实施

一、制订实施方案

认真分析任务，并确定好任务实施方案。

二、确定人员分工

任务实施过程中要明确分工任务，组长要调动组员充分表达不同意见，形成职责清晰的任务分工。

表 3－17　任务分工表

组员姓名	任务分工

三、过程监督

各组成员在任务实施过程中做好过程记录，组长负责监督，全组共同完成。

表 3－18　任务实施过程进度监督表

工作阶段	时间	进度描述	检查情况记录	改善措施以及建议

四、各组成员记录任务实施过程中的困难及收获

困难：

小组成员想到的解决方法：______________________________

本次活动的收获：______________________________

五、训练活动记录

每个小组在任务实施过程中，可以把本组操作过程中的“规范操作”和“不规范操作”的例子记录下来，以在班内汇报展示中做得更好。

表 3－19 操作记录表

规范操作	不规范操作

六、班内汇报

汇报内容包括对本次任务完成情况的介绍、任务实施过程中遇到的困难和解决的方法、对所收集及观察到的内容的解说等。

小组互评，并对同学的汇报情况做好记录。

表 3－20 汇报情况记录表

组别	汇报情况（包括任务完成情况介绍、过程处理及收集效果等方面）

七、归纳总结

通过本次活动，请以本组练习的情况为例进行对比，说一说哪组的操作规范及步骤最符合要求，为什么？

____

评价反馈

一、专业技术评价

表 3－21　访客留言服务技能训练评价表

考评人		被考评人	
考评地点			
考评项目	访客留言服务操作技能		
考核内容	考核要点	分值	得分
主动迎客	微笑迎客。	5	
	敬语问候。	5	
	询问客人是住客还是访客。	5	
	询问客人需要何种服务。	5	
填写留言单	请客人在留言单上填写留言。	10	
	由客人口述，问讯员记录留言。	10	
	问讯员检查认真核对。	5	
记录时间	准确记录留言当时的时间。	10	
存放留言单	妥善保管填好的留言单。	10	
	交接班时注意交代未转交的留言事宜。	10	
	将留言单发送给总机以便通知客人。	10	
转告客人	及时将留言转交给客人。	15	
总评		100	

注：考核满分为 100 分，90 分及以上为 A；80～89 分为 B；60～79 分为 C；60 分以下为 D。此项训练限时 5 分钟，每超时 5 分钟扣 5 分，超时 15 分钟为不及格。

二、综合能力评价

表 3－22　综合能力评价表

<table>
<tr><td colspan="3">姓名</td><td colspan="2"></td><td colspan="2">班级</td><td></td><td>学号</td><td colspan="2"></td></tr>
<tr><td colspan="3">任课老师</td><td colspan="2"></td><td colspan="2">上课时间</td><td colspan="4">第　　　周　　　节</td></tr>
<tr><td colspan="3">上课地点</td><td colspan="2"></td><td colspan="2">小组成员</td><td colspan="4"></td></tr>
<tr><td rowspan="2">学生自评</td><td colspan="10">1. 学习态度：优（　　）良（　　）合格（　　）不合格（　　）
2. 参与小组讨论活动情况：优（　　）良（　　）合格（　　）不合格（　　）
3. 掌握知识情况：优（　　）良（　　）合格（　　）不合格（　　）
4. 能力提高程度：优（　　）良（　　）合格（　　）不合格（　　）
本次学习活动表现不足的地方：
本次学习活动需要改进的地方：</td></tr>
<tr><td colspan="2">自评成绩</td><td>优秀</td><td></td><td>良好</td><td></td><td>合格</td><td></td><td>不合格</td><td></td></tr>
<tr><td rowspan="22">老师评价</td><td colspan="2">出勤情况</td><td colspan="2">请假____天</td><td colspan="2">迟到____次</td><td>早退____次</td><td colspan="3">缺勤____次</td></tr>
<tr><td>分类</td><td colspan="3">评价内容</td><td colspan="2">满分</td><td>意见</td><td colspan="3">评分</td></tr>
<tr><td rowspan="6">态度能力</td><td>1</td><td colspan="2">考勤纪律情况</td><td colspan="2">5</td><td></td><td colspan="3"></td></tr>
<tr><td>2</td><td colspan="2">学习适应能力</td><td colspan="2">5</td><td></td><td colspan="3"></td></tr>
<tr><td>3</td><td colspan="2">虚心好学态度</td><td colspan="2">5</td><td></td><td colspan="3"></td></tr>
<tr><td>4</td><td colspan="2">任务完成能力</td><td colspan="2">5</td><td></td><td colspan="3"></td></tr>
<tr><td>5</td><td colspan="2">自我管理能力</td><td colspan="2">5</td><td></td><td colspan="3"></td></tr>
<tr><td>6</td><td colspan="2">自我学习能力</td><td colspan="2">5</td><td></td><td colspan="3"></td></tr>
<tr><td rowspan="8">专业能力</td><td>7</td><td colspan="2">专业知识能力</td><td colspan="2">5</td><td></td><td colspan="3"></td></tr>
<tr><td>8</td><td colspan="2">专业技术能力</td><td colspan="2">5</td><td></td><td colspan="3"></td></tr>
<tr><td>9</td><td colspan="2">知识应用能力</td><td colspan="2">5</td><td></td><td colspan="3"></td></tr>
<tr><td>10</td><td colspan="2">独立操作能力</td><td colspan="2">5</td><td></td><td colspan="3"></td></tr>
<tr><td>11</td><td colspan="2">专业学习能力</td><td colspan="2">5</td><td></td><td colspan="3"></td></tr>
<tr><td>12</td><td colspan="2">发现问题能力</td><td colspan="2">5</td><td></td><td colspan="3"></td></tr>
<tr><td>13</td><td colspan="2">观察判断能力</td><td colspan="2">5</td><td></td><td colspan="3"></td></tr>
<tr><td>14</td><td colspan="2">操作技能水平</td><td colspan="2">5</td><td></td><td colspan="3"></td></tr>
<tr><td rowspan="6">方法能力</td><td>15</td><td colspan="2">组织策划能力</td><td colspan="2">5</td><td></td><td colspan="3"></td></tr>
<tr><td>16</td><td colspan="2">团体协调能力</td><td colspan="2">5</td><td></td><td colspan="3"></td></tr>
<tr><td>17</td><td colspan="2">沟通交流能力</td><td colspan="2">5</td><td></td><td colspan="3"></td></tr>
<tr><td>18</td><td colspan="2">解决问题能力</td><td colspan="2">5</td><td></td><td colspan="3"></td></tr>
<tr><td>19</td><td colspan="2">语言表达能力</td><td colspan="2">5</td><td></td><td colspan="3"></td></tr>
<tr><td>20</td><td colspan="2">随机应变能力</td><td colspan="2">5</td><td></td><td colspan="3"></td></tr>
<tr><td colspan="5">评价分数合计</td><td colspan="2">100</td><td></td><td colspan="3"></td></tr>
<tr><td colspan="2">成绩评定</td><td>优秀</td><td></td><td>良好</td><td></td><td>合格</td><td></td><td>不合格</td><td colspan="2"></td></tr>
<tr><td colspan="2">老师签名</td><td></td><td>日期</td><td colspan="7"></td></tr>
</table>

思考与练习

一、思考与案例分析

案例一——住客查询服务

某省会城市的四星级酒店负责接待参加全省烹饪比赛的选手，由于都是同行，接待工作的难度特别大。

比赛进行到第二天，总服务台来了两位访客，要求查询某市参赛酒店 A 酒店的领队马总经理的房号。问讯员小罗听到要求后马上在住房登记簿上查找。“两位先生，你们要找的那位马先生没有在这里登记过，据我们所知，有些酒店的代表不住在这里，会不会在别家酒店?”小罗关切地问道。两位客人面面相觑，要求接待员再查一次，小罗又一次打开登记簿，但还是没有找到，“很抱歉，这位马先生确实没有住在本酒店。”小罗十分有礼貌地回答道，“但我可以告诉两位，A 酒店的 6 名参赛选手前天已经报到，现住在 308、309 和 310 三个房间，他们也许知道马总经理的住处。”两位访客觉得这个建议很好，便请小罗代为拨通 308 房间的电话，铃响了数声，房内没有人接听。小罗估计选手还没有回到房间，便请两位客人稍等，他赶到比赛场地找选手询问，得知马总经理一下火车就被当地一家大酒店的总经理邀去吃饭，还没来得及赶到这里。

两位访客尽管已经知道了马总经理的去向，但因有急事相告，还是为联系不上马总经理而犯愁。小罗见状，开始联系那家大酒店，要求总机转总经理办公室，从办公室那里知道了马总经理吃饭的餐厅。两位访客终于与马总经理联系上了，他们开心地向小罗表示感谢。

情景分析

本例中两位访客要找的客人当时还不是该酒店的住客，小罗两次查看登记簿，服务相当仔细、周到，只需客气地告诉他们要找的人不住在本酒店便可以结束此事。但小罗主动提供线索，并且代客人打电话到房间，这些都已经是超常规服务了。当他得知寻找对象在另一家酒店时，再次主动联系，服务质量又上了一个台阶，这显示了小罗良好的服务素质。

思考与启示

任何一家酒店，来者是客，都要以礼相待。客人来到酒店，不一定是来消费的，同样，酒店运营不仅仅是为了赢利，还要树立良好的企业形象，获得公众较好的口碑。因此，除了要看到客人带来的经济利益（有形利润）外，也要珍惜客人带来的社会效益（无形价值）。

目前，国内不少星级酒店已经开始把服务目标放在超常规岗位和零缺点服务上。

案例二——留言服务

某日，有两位外宾访客到总台，要求协助查找一位叫乔纳森的美国客人是否在此下榻，并想尽快见到他。问讯员小罗立即进行查询，果然有位叫乔纳森的美国客人。小罗于是接通了客人的房间电话，但长时间没人接听。小罗告诉来访客人，乔纳森先生住在本店，但此刻不在房间，也没有他的留言，并建议来访客人在大堂等候或留言另约时间。访客对小罗的答复不大满意，一再说明他们与乔纳森先生是相识多年的朋友，并要求小罗告诉他的房间号码。小罗和颜悦色地向他们解释："为了住店客人的安全，本店有规定，在未征得住店客人同意时，不便将房号告诉他人。两位先生远道而来，正巧乔纳森先生不在房间，建议您可以在总台给乔纳森先生留个便条，或随时与酒店联系，我们乐意为您服务。"来访客人听了这一番话，便写了一封信留在总台。晚上，乔纳森先生回到酒店，总台接待员将来访者留下的信交给他，并说明为安全起见和不打扰他休息，总台没有将房号告诉来访者，敬请乔纳森先生原谅。乔纳森先生当即表示理解，并表示这条规定有助于维护住店客人的利益，值得赞赏。

情景分析

为确保住店客人的安全，酒店应为客人做好保密工作，这是酒店的责任。具体操作要求如下：

（1）严格按照酒店的规定，绝对不能随意向访客透露住客的房号。就像本例中的问讯员在接待访客时做的那样，既给访客留下酒店严格管理的印象，又让住客觉得安全和放心。

（2）在坚持原则的同时，别忘了向客人提供感情服务，如问讯员在对访客的服务中，始终礼貌待客、笑脸相迎、耐心解释。

（3）给客人提供合理建议，如到大堂等待或给客人留言、另约时间等。

问讯员所做的事使客人感到服务工作的热情、真情，从而既赢得了访客的理解，也得到了住客的支持。

思考与启示

现代酒店中各种各样的犯罪活动时有发生，这就要求总台服务员要严格按照酒店的规章制度办事，时刻保持警惕，进行必要的防范。酒店坚持自己的服务标准，一方面维护了住店客人的切身利益，使客人感到放心、安心；另一方面，也给客人留下了酒店高标准服务的良好印象。

案例三——收发保管客用钥匙

正值旅游旺季，A市各大酒店均宣告客房爆满，地处市中心的某酒店也不例外。下午16:00，一位来自外省的住店客人范先生匆匆来到总台，询问为何他所持的磁卡钥匙不能开门，语气中流露出几丝愤怒。问讯员小罗礼貌地请客人稍候，随即快速地从电脑中察看了该房间的住房情况。果然不出小罗所料，范先生的房间是预订至今日12：00，显然，磁卡钥匙已经过期失效。小罗随即向客人说明了情况并委婉地请他付押金重新办理入住手续。但是范先生的回答大大出乎小罗的预料，范先生说他刚才在游览时钱包被盗，现在已身无分文，根本无法支付房费，但他还将继续住下去。问讯员小罗该如何处理此事？

情景分析

（1）以旅游旺季用房紧张为由，拒绝他续住。这样做对酒店当然很保险，但对客人无疑是“当头一棒”，有可能当场发生争执，对酒店造成不好的影响。故不能这样草率处理。

（2）询问客人在当地是否有亲朋好友，以寻求他们的帮助，这样做既取决于客人是否有当地的亲朋好友，还取决于客人是否愿意这样做。

（3）建议客人打电话回单位或家中，请其马上汇钱过来，以解燃眉之急。在可靠的情况下，允许客人续住。

（4）向上级请示汇报，主管人员根据情况，经分析判断后再作出决定。酒店应首先了解客人以前在本酒店的消费情况，采取记录客人的永久地址、电话及身份证号码，请客人写下借据等措施，以增加保险系数。这种做法会让处于困境的客人感到温暖，却十分冒险。当然一旦成功，无疑会为酒店增加回头客，同时也为酒店做了一次免费广告。

思考与启示

客人延期退房，磁卡钥匙失效，这在酒店是极其常见的，但如果在客人入住时接待员能把磁卡钥匙的使用功能与期限先告知客人，则会避免客人因对此一无所知而造成的不满。

本例中的范先生是否真的遭窃，并非考虑的重点，关键是客人有难，酒店应该如何去帮助解决。问讯员应始终保持清醒、冷静的头脑，安慰客人，及时为客人提出可行、有效的建议，帮助客人走出困境，同时确保酒店的利益。

问讯员要在实践中总结和积累经验，以具备正确判断的能力，从而采取有效的方法和措施，使问题得以顺利解决。

通过以上三个案例，结合问讯服务相关的知识点，试以你收集到的酒店相关的案例加以说明，谈谈你的收获及感想。

____

____

二、思考与拓展训练

训练一——有来访客人询问尚未抵店或已离店客人

A. 礼貌地告诉查询客人，酒店目前没有这位客人。

B. 查看当天抵店客人的订房表，或当日预订抵店客人的名单；查看当天结账客人的名单。从酒店保存的客史档案卡查找，看此客人是否曾经住店，但现已离店。从以后的订房表（由订房处保存）中查找，看该客人是否将会入住。如果查明客人尚未到达，则请对方在客人预订到达的日期再来询问。如果查明客人已退房，则向客人说明情况。

C. 按照B的方式查找客人，如果客人还未入住，详细告诉对方客人预计入住时间；如果客人已离店，详细告诉客人的去向。

你的处理方法是______________________________

训练二——客人结账离店后才发现某些物品遗留在客房内，打电话到前台请求查找

A. 客人致电客房部查询。

B. 请客人与大堂副理联系。

C. 问清客人遗留物品的种类、形状、特征，请客人稍后再来电或留下电话号码，立即通知客房部帮助查找，并及时向客人通报查找结果。

你的处理方法是______________________________

训练三——当已委托旅行社订房的客人询问房价时

A. 满足客人的要求，及时将客人的房价告诉对方。

B. 告诉客人这是商业机密，无可奉告。

C. 告诉客人其房费由旅行社代付，房价可向旅行社询问。若客人态度固执，可将酒店门市价报给客人，切不可将酒店与旅行社的协议房价告诉客人。

你的处理方法是______________________________

训练四——住店客人查询本人账单时

A. 满足客人的要求，将客人的账单向客人复述。

B. 告诉客人不要担心账户透支，酒店会及时提醒客人。

C. 认真听取客人查询本人账单的具体要求，迅速查账并有针对性地解答。若客人对钱款支出有异议，应细心、耐心地依据消费原始单据和酒店财务规定为客人释疑。

你的处理方法是____

____

____

学习活动 2　酒店特色项目服务

●学习目标

1. 能按特色项目的服务内容推销产品；
2. 能正确使用传真机、电脑中英文打印机传输和收发文件；
3. 能按传真、复印、装订、打印等服务流程完成客人的特色项目的工作。

学习任务

1. 组建学习小组。
2. 认识酒店的特色服务项目，学习为客人提供特色服务项目的服务流程和服务意识。

任务引入

阅读下面的案例，回答后面的问题。

【案例】

2014 年的春节期间，入住某酒店 1018 房的客人弗兰克先生是一位来自英国的商人，入住 1012 房的是一对来自新疆的新婚夫妇，入住 1016 联通房的是包括父母在内来自上海的一家五口，入住 1218 房的是一对来自内蒙古的退休夫妇，还有一位来广州观看刘德华演唱会的年轻帅哥。住店期间，为了不耽误与友人的聚会，需要电话叫醒服务；为了正常的交往，需要宴请客人；为了及时进行沟通或外出需要传真、打印、翻译、快递、租机等服务项目等。为确保入住的客人们满意，酒店为客人们提供了一系列特色项目的服务。

◇思考与启发

弗兰克先生是一位商人，提出的特色服务项目大多是在酒店的商务中心完成的。作为一名商务中心服务员，不仅要求懂得待人接物的规范，还要懂得一些特色项目的服务操作流程和高端设备的使用，及时、有效地为客人提供传真、打字、复印等诸多特色项目的服务，满足客人的合理要求，保证客人在住店期间的所有业务都能顺利进行，使客人没有任何的遗憾，吸引更多的回头客。

★想一想：假如你是一名商务中心的服务员，如何在繁忙的服务工作中做到有条不紊、忙而不乱。

____

____

____

任务布置

学生 8～10 人一组。以小组为单位，围绕这五间房客人的身份特点，积极推销服务项目，根据服务项目制订服务方案，并按服务方案组织实施训练。

知识链接

商务中心

一、酒店特色项目服务认知

所谓酒店特色项目服务，是指酒店根据自有的资源推出的有特色、有吸引力的能提高服务质量的综合性主题活动服务项目，如商务套餐、极乐温泉、新婚之梦、彩云之南等。不同的酒店，可设置不同的特色，也可以根据客人的特点或爱好设置特色主题服务项目。特色服务项目小到查找一个单位的电话号码、发一份传真、找一个翻译、找一个秘书、一个快递服务、一个订餐、房间的设计，大到为客人量身定做一个服务套餐，全程跟踪，让客人轻松入住、轻松游玩，全身心地放松，享受酒店提供的各项服务。

二、商务中心知识介绍

（一）商务中心概述

商务中心是酒店为方便住店客人，满足他们的商务需要而设立的一个服务机构。商务中心服务员往往被看作客人在旅途中的流动秘书，能为客人完成传真服务、长途电话服务、复印服务、租机服务、快递服务、秘书服务、翻译服务、代订客房服务等。

（二）商务中心服务内容

1. 秘书服务

为客人提供高水平的打字、速记、文字处理等工作。

2. 传真服务

为客人提供图文传真接收及发送服务。

3. 复印及装订服务

为客人提供文件的复印及装订工作。

4. 打印服务

根据客人的要求为客人提供文字排版和打印服务。

5. 国际互联网服务

为客人接入国际互联网，提供客人上网所需的设施设备，让客人在舒适的环境里进行电子商务处理。

6. 翻译服务

为客人提供按小时或天计算的会议翻译帮助，包括提供多语种的笔译及口译服务。

7. 会议室出租服务

为客人提供配有音响、麦克风、多媒体投影仪、白板等设施设备的各种会议室。

8. 快递服务

提供 EMS 及 DHL 特快专递以及各种快递业务。

9. 租机服务

租用笔记本电脑、个人电脑、扫描仪、彩色打印机、黑白激光打印机、刻录机等。

（三）商务中心服务收费标准

表 3－23　商务中心服务收费标准

项目	某酒店的收费标准
接收传真	①酒店住客 5 张以内免费，5 张以上 5.00 元/张 ②办公楼租户及非住店客人，5.00 元/张
发送传真	（实际电话费 ＋服务费 5.00 元/张） ①市内传真，只收服务费 ②国内传真 0.07 元/秒 ＋服务费 ③国际传真 0.80 元/秒 ＋服务费 ④港澳台传真 0.20 元/秒 ＋ 服务费
快递服务	（按照快递公司的费用，另加 20% 服务费） 目前只代办两间快递公司的快递服务，一个是 EMS，主要是国内快递；另一个是 DHL，只寄国际快递
手提电话充电	（客人自带充电器）每块电池收取 10.00 元服务费，充满为止
代订国内及港澳台地区酒店	通过香港中旅订房中心的网站为客人订房，房费已包含 HKD40.00/每间/每晚代理费
租小型会议室	150.00 元/小时
租用笔记本电脑	200.00 元/天，需交付 1 万元押金，可付现金或刷卡交押金

（四）商务中心服务准备

1. 仪容仪表

检查个人的仪容仪表，调节好情绪，声音亲切、热情。

2. 设备设施

计算机、电话机、复印机、打印机处于工作状态。

3. 用具用品

准备好相关办公用品。

4. 相关表格

主要是商务收费单。

表 3－24　商务收费单

BUSINESS VOUCHER

客人姓名 Name of Guest ________　　　　No.

日期		房号	
服务项目 Type of Service Requested		数量 Quantity	金额 Amount
传真 Facsimile			
国际/国内长途 IDD/DDD			
上网/电子邮件 Internet/E-mail			
会议室/设备出租 Office/Equipment Rental			
复印/幻灯制作 Photocopy/Tansparency			
打字 Typing Service			
租用电脑 Computer Rental			
服务费 Service Charge			
其他（请说明）Other（Please Specify）			
总金额 Total Amount			
填表人签字：________ Prepared by		客人签字：________ Guest Signature.	

白联/White：客人/Guest　　　　粉联/Pink：财务 Accounts

注：此表为无碳复写一式二联单。

（五）商务中心服务项目操作流程

1. 传真服务

（1）收到传真服务流程及操作标准。

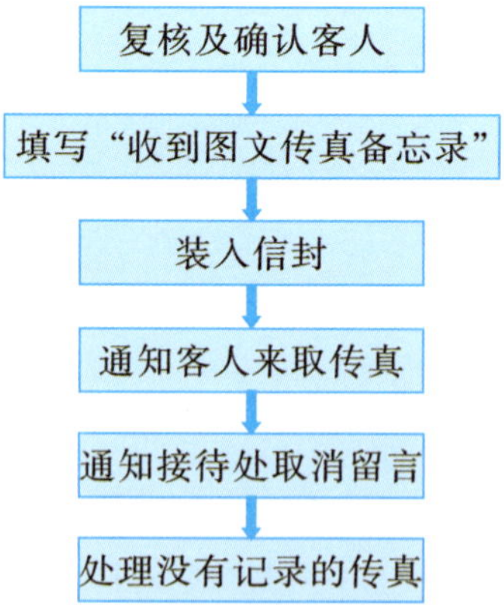

图 3－8　收到传真服务流程

表 3－25　收到传真服务操作标准

流程	操作标准
复核及确认客人	当接收传真后，复核及确认客人的姓名和房间号码。
填写“收到图文传真备忘录”	收到发来的图文传真时，服务员应把接收时间、发来的图文传真号码、接收者姓名、房间号码和总共页数清楚地记录在“收到图文传真备忘录”上。
装入信封	将传真文件装入信封，信封上写上客人的姓名和房号。
通知客人来取传真	通知礼宾处派人将传真直接送上房间或通知客人来取。 注意：①22：00—8：00，不要打扰客人；②假如客人不在房内，应填写客人留言条一式三份，把第一、二联交给接待处开启留言灯及将第一联留言送上房间，第三联存放在商务中心作记录及跟催用。
通知接待处取消留言	①当客人领取了图文传真及完成了开具收费单，除了在备忘录上作记录外，还应马上通知接待处取消留言。②如果客人直到 22：00 仍未来取图文传真时，再次核实客人是否仍在酒店住宿，并将传真装入信封通知礼宾处派人送上房间及通知接待处取消留言。
处理没有记录的传真	如果所收到之图文传真只有接收者的姓名而没有房间号码时，商务中心经电脑查询后，假如没有该客人的入住资料或到达资料，处理如下：①留下留言便条给接待处，并注明“留待到达”，以防客人在没有订房的前提下入住酒店；②把图文传真装入文件夹，每天查核，连续七天没有记录后，放入文件夹内存档；③通知接待处取消留言。

（2）发出传真服务流程及操作标准。

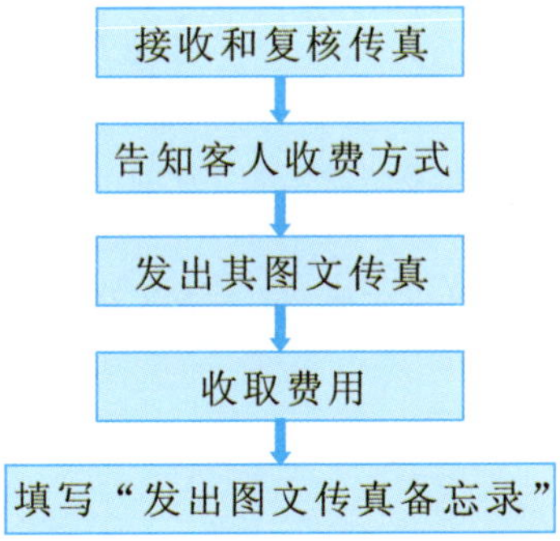

图 3－9　发出传真服务流程

表 3－26　发出传真服务操作标准

流程	操作标准
接收和复核传真	当客人要求发图文传真时，获取所要发送的地区名称、图文传真号码。
告知客人收费方式	告知客人有关的收费标准。对于要把收费挂入房账的客人，一定要确认是否为在住的酒店客人，是否享有签单权。
发出其图文传真	按传真机的使用方法：拨号—确认—发出—发出完成。
收取费用	发完之后，把原版与传真机打印出来的报告附在一起，交回给客人。出具商务中心服务收费单，按标准收取费用，并记入房账。
填写“发出图文传真备忘录”	已收费的在电脑录入，并记录在“发出图文传真备忘录”上。

2. 打字服务

接收打字
↓
打字工作
↓
收取费用
↓
填写工作日志

图 3－10　打字服务流程

表 3－27　打字服务操作标准

流程	操作标准
接收打字	①礼貌迎客，热情问候。 ②告知客人有关的收费标准及所需要的完成时间。如果是非住店客人，应要求客人先交押金。 ③认真阅读文件，看不清的字句要及时与客人核对，确保能看懂每一个字，若有疑问之处应马上问清客人。
打字工作	①按要求打印并排版。 ②打印一份请客人核对。 ③打印客人修改过的文件，请客人检查确认。 ④修改无误后打印正式文件。 ⑤询问客人是否需要保存电子文件；如需保存，确定保存时间或帮助客人保存至移动盘中。

（续上表）

流程	操作标准
收取费用	①将打印件及原件交给客人。 ②开具账单，请客人确认、签字。 ③收取费用，开具发票。 ④如果客人签单：住店客人：账单第一联转交总台收银处，第二联留底。非住店客人：请其付押金，账单第一联交客人，第二联留底。
填写工作日志	①礼貌地向客人道别。 ②做好打字工作日志。

3．特快专递服务

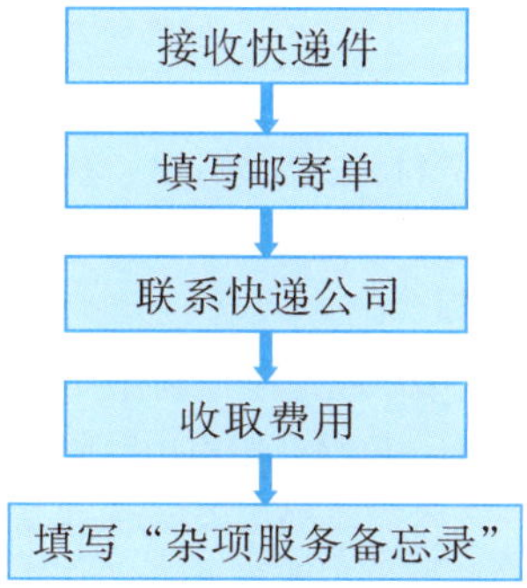

图 3－11　特快专递服务流程

表 3－28　特快专递服务操作标准

流程	操作标准
接收快递件	①礼貌迎客，热情问候。 ②告知客人有关的收费标准，文件与包裹的收费标准不同。 ③征求客人需要哪一间快递公司的服务，可选择的快递公司有 EMS、DHL 快递公司。 ④为客人代办文件/包裹的快递服务，必须遵守邮政局的有关安全条例，不代办易燃、易爆物品的邮寄，如有任何疑问，马上咨询快递公司。
填写邮寄单	①按要求让客人用正楷字体填写邮寄单（一式三联）。 ②确认客人所填的邮寄单每一栏都为正确后，在邮寄单上盖章确认。把邮寄单的一联副本交给客人以备查询，另一联副本留作存档。
收取费用	根据所需的快递公司邮件资费和邮递规格收取费用。开具商务中心服务收费单并输入电脑。
联系快递公司	①通知有关特快专递公司收取快件。 ②当快递公司人员取件时，要求他在上述备忘录上签收。
填写“杂项服务备忘录”	①礼貌地向客人道别。 ②填写“杂项服务备忘录”。

4. 器材租用服务

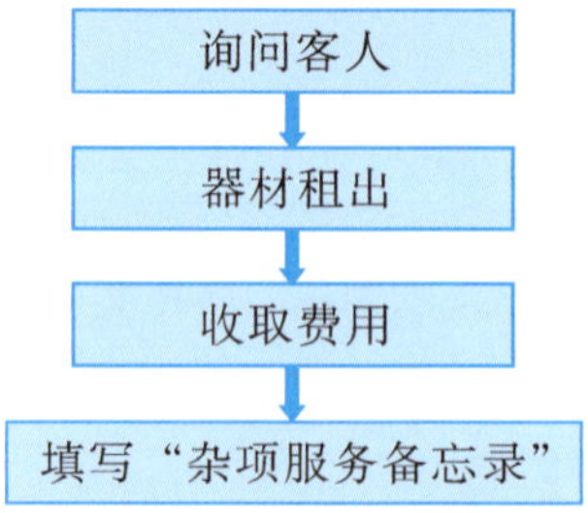

图 3－12　器材租用服务流程

表 3－29　器材租用服务操作标准

流程	操作标准
询问客人	①礼貌迎客、热情问候。 ②向客人获取有关的租用资料，如需要什么、什么时候用、在哪里用、将会用多久等。 ③根据所使用的项目及时间，检查是否能够提供，之后与客人作最后的确认。 ④向客人说明有关的收费标准。
器材租出	①在将器材租给客人之前，必须先检查，确保其无任何故障及能正常工作后才交给客人。 ②开具商务中心服务收费单，填写开始租用时间、日期。
收取费用	①当客人使用完器材后，对所用的器材与客人作面对面的验收及检查。 ②按标准收费并完成收费单的电脑输入。
填写“杂项服务备忘录”	①礼貌地向客人道别。 ②填写“杂项服务备忘录”。

5. 复印服务

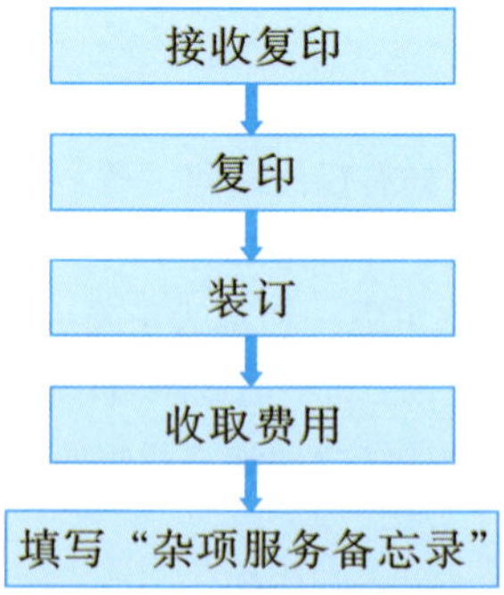

图 3－13　复印服务流程

表 3－30　复印服务操作标准

流程	操作标准
接收复印	①礼貌迎客，热情问候。 ②拿到原稿后，首先识别纸张的规格。 ③问明客人具体要求（如复印张数、份数等）。 ④告知客人收费标准。 ⑤填写复印登记表。
复印	①打开机器，选择适当纸匣，确认纸张的尺寸和复印数量。 ②按操作程序复印。 ③检查复印件是否清晰。 ④取原件。 ⑤如果原件是若干张，应按原件顺序排好。
装订	①按要求将文件放在装订机上，用打孔卡打出孔洞。 ②如果装订的文件较厚，应分批进行，但要注意每批的打孔位置应一致。 ③按要求选择装订封皮和环套。 ④将封皮及复印文件放在一起，按原件顺序装订。
收取费用	①将复印件及原件交给客人。 ②开具账单，请客人确认、签字。 ③收取费用，开具发票。 ④如果客人签单：住店客人：账单第一联转交总台收银处，第二联留底。非住店客人：账单第一联交客人，第二联留底。
填写“杂项服务备忘录”	①礼貌地向客人道别。 ②做好复印工作日志的记录。

6. 文字翻译服务

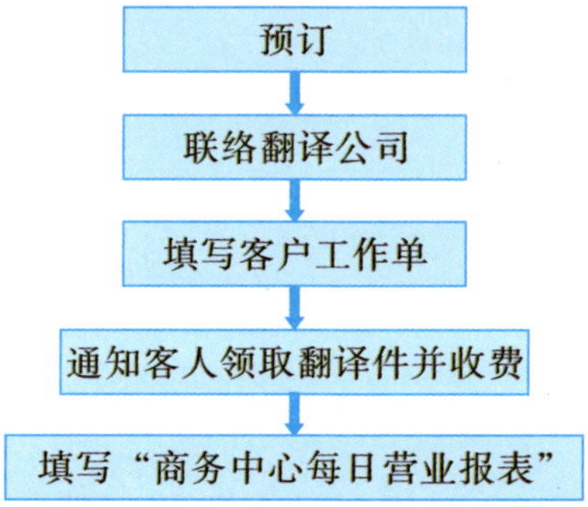

图 3－14　文字翻译服务流程

表 3－31　文字翻译服务操作标准

流程	操作标准
预订	①礼貌迎客，热情问候。 ②客人至少提前一天通知酒店作预订。商务中心主要是通过与有关翻译公司合作而为客人提供普通的笔译和口译服务。如果产生法律纠纷，酒店将不负任何法律上的责任，这一点必须要向客人申明。
联络翻译公司	①联络与酒店合作的翻译公司。 ②阅读文稿，问其是否能在客人所要求的时间内完成。 ③向客人说明有关的收费标准。假如客人是非酒店住客，请客人留下联系电话及公司名称，以便联络。
填写客户工作单	填写客户工作单，注明完成日期和翻译种类，签名认可后以传真形式传给翻译公司。并要求他们来取客人稿件的复印本，原件由商务中心保存，同时，把客人的有关要求告诉翻译公司。此外，还应与对方确认收费的金额和完成日期。
通知客人领取翻译件并收费	①当翻译公司完成后，将稿件送回商务中心，通知客人领取翻译稿件，并签收。 ②开具账单，请客人确认、签字。 ③收取费用，开具发票。 ④如果客人签单：住店客人：账单第一联转交总台收银处，第二联留底。非住店客人，账单第一联交客人，第二联留底。
填写“商务中心每日营业报表”	①礼貌地向客人道别。 ②整理“商务中心服务收费单”并完成“商务中心每日营业报表”的记录。

7. 口头翻译服务流程

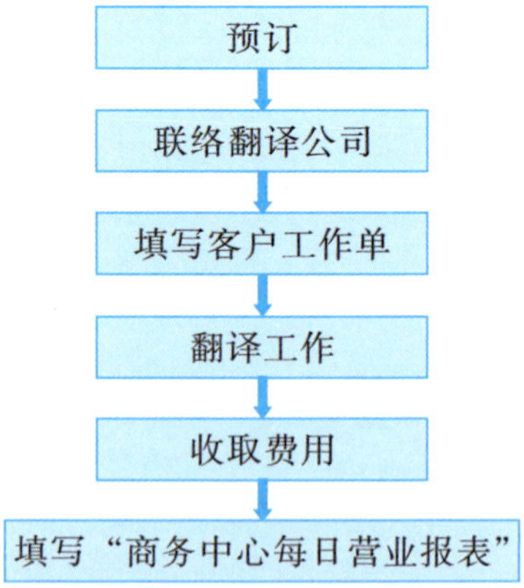

图 3－15　口头翻译服务流程

表 3－32　口头翻译服务操作标准

流程	操作标准
预订	①礼貌迎客，热情问候。 ②当客人要求口译服务时，应向客人获取如下的资料：语言的种类；怎么时候及需要多长时间；怎样翻译；在哪里翻译。 ③向客人说明有关的收费标准。且应向客人说明，如果他们要取消该项服务，则应付取消手续费给对方翻译公司。
联络翻译公司	通知与酒店合作的翻译公司，落实其能否在客人要求的时间内提供该项服务。之后，再与客人确认。
填写客户工作单	填写客户工作单，注明完成日期和口译种类，签名认可后以传真形式传给翻译公司作为确认记录。
翻译工作	翻译公司派译者于要求服务之时间持由酒店发出之客户工作单到商务中心报到，并由商务中心员工引荐给客人进行翻译工作。
收取费用	①翻译完成后，商务中心将经双方确认并有译者签名之工作单带回交予其公司，以作结算依据，并同时复印副本一份连同开具之“商务中心服务收费单”一联存档作为结算时核对所用。 ②开具账单，请客人确认、签字。 ③收取费用，开具发票。 ④如果客人签单：住店客人：账单第一联转交总台收银处，第二联留底。非住店客人：账单第一联交客人，第二联留底。
填写“商务中心每日营业报表”	①礼貌地向客人道别。 ②整理“商务中心服务收费单”并完成“商务中心每日营业报表”的记录。

三、商务中心常用英语

1. Useful Expressions

(1) I'd like two copies of this, what's the cost?

这个我要复印两份，要多少钱?

(2) How much is it for one page?

每页多少钱?

(3) When can I pick it up?

我什么时候能取?

(4) How many pages, sir?

一共几页，先生?

(5) I'd like to have these documents typed and then sent to Australia by fax.

我想把这些文件打印一下，然后传真到澳大利亚。

(6) We charge each page ×× yuan for typing and ×× yuan for fax to U. S. A, plus 10%

service charge.

打印费每页××元，发传真到美国每页××元，外加10%的服务费。

(7) We'll try to finish the typing of this 300 – per document before 18:00 this afternoon.

我们会设法在今天下午18:00以前打完这300页文件。

(8) The letter can go for 1.60 yuan.

这封信要1.60元的邮资。

(9) I think I'd better look it up.

我需要查一下价钱。

(10) Here's a form. Please print the name and address of the person you're sending to.

这里有张表格，请您将收信人的姓名和地址用印刷体写上。

(11) If it's urgent, we can send it by express.

如果是急信，我们可以寄快件。

(12) Sorry, this printed matter is overweight.

很抱歉，这件印刷品超重了。

(13) Those stamps are to be sold in sets.

那些邮票需要成套出售。

(14) We have some stamps released recently.

我们有新近发行的邮票。

(15) Which sort of stamp do you want to buy?

你想买哪种邮票?

(16) What's inside your parcel?

您的包裹里装的是什么?

(17) How much are you going to insure your parcel for?

您打算给包裹保价多少?

(18) Could you please write your name and room number and sign the billing voucher? We'll send your original copy to your room after we have faxed them.

请您写下您的姓名和房间号码并在预订账单上签字，好吗?我们发出传真后会立即将原件送到您的房间。

(19) Here's a train schedule.

这是火车时刻表。

(20) What time would you like to leave?

请问您什么时候动身?

(21) How many tickets would you like?

请问您要几张票?

(22) I'm sorry, there aren't any tickets left for.

对不起，××的票已经没有了。

(23) We charge 90 yuan per hour for the use of the conference room.

我们每小时收90元的会议室使用费。

(24) We charge 50 yuan per hour for the service of an interpreter.
我们每小时收 50 元的口译服务费。
(25) I can assure you the translation of these documents.
我保证今天下午完成文件翻译。
2. Notes
cancelled set　盖销
mint set　新出的钱币
three copies of this contract　这张合同的 3 份复印件
charge to the room　挂账
make photo copy　复印
send a fax　发一份传真
miscellaneous services　其他服务项目
passenger train　客车
express train　快车
soft berth　软卧
interpreter　口译员
pay the difference　补差付款

任务准备

一、物品准备

2 ~ 3 部传真机，传真用纸若干，特色服务需用的教具等。

二、场地准备

一间能容纳 40 人的模拟实训室。

三、学生团体组建

请在规定时间（15 分钟）内自行组建 5 个学习小组（8 ~ 10 人一组）。分好组后，每组选出组长，并以小组为单位填写表格。

表 3 - 33　学习小组成员组成表

组名	
组长姓名	
组员姓名	

四、教师下发任务

任务书

1. 任务目标

（1）收集各大酒店的特色服务项目。

（2）根据英国的商人、新疆的新婚夫妇、上海的一家五口、内蒙古的退休夫妇、年轻帅哥各自的特点，设计特色服务项目并制订服务方案和组织实施。

2. 任务要求

（1）在教师的指导和辅助下，以小组为单位收集各大酒店的特色服务项目。

（2）按照教师的布置，每个小组针对 1 位客人，根据客人的特点，设计一项特色项目服务并制订特色服务项目的服务实施方案和组织实训。在制订实施方案时要注意：

1）各小组学生再分成两组，一组是服务员，一组是客人，方便实训时的对话。

2）每组制订一个特色服务项目方案，按照教师指定的客人，根据客人的特点，制订实施方案并组织训练。

3）每一方案的训练时间控制在 10 分钟内。

3. 活动规则

（1）各组自行做好计划书，明确分工。

（2）活动过程必须全体组员参与。

（3）要通过各种形式（照片、视频、漫画、实操演练等）将活动过程记录下来。

（4）任务完成后，要向全班同学汇报，并展示任务的完成过程。

任务实施

一、制订实施方案

认真分析任务，并确定好任务实施方案。

二、确定人员分工

任务实施过程中要明确分工任务，组长要调动组员充分表达不同意见，形成职责清晰的任务分工。

表 3－34　任务分工表

组员姓名	任务分工

三、过程监督

各组成员在任务实施过程中做好过程记录，组长负责监督，全组共同完成。

表 3－35　任务实施过程进度监督表

工作阶段	时间	进度描述	检查情况记录	改善措施以及建议

四、各组成员记录任务实施过程中的困难及收获

困难：______________________________

____

小组成员想到的解决方法：______________________________

____

本次活动的收获：______________________________

____

五、展示活动记录

每个小组在任务实施过程中，可以用各种形式把本组的例子记录下来，并以各种形式展示出来。

六、班内汇报

汇报内容包括对本次任务完成情况的介绍、任务实施过程中遇到的困难和解决的方法、对所收集及观察到的内容的解说等。

小组互评，并对同学的汇报情况做好记录。

表 3－36　汇报情况记录表

组别	汇报情况（包括任务完成情况介绍、过程处理及收集效果等方面）

七、归纳总结

通过本次活动，以自己经历的事情为例进行说明。

____

____

____

评价反馈

一、专业技能评价

表 3－37　传真服务技能训练评价表

考评人		被考评人	
考评地点			
考评项目	传真服务操作技能		
考核内容	考核要点	分值	得分
接收	能正确操作传真机，接收文件。	5	
	查询收件客人的资料，如客人的姓名、房间号等。	3	
	核实客人的姓名、房间号。	3	
	填写商务收费单，请客人确认、签字并付款。	5	
	用双手将传真递送给客人。	2	
	如客人在房间，应打电话通知客人来取或让行李员送到房间。	5	
发送	主动问候客人。	3	
	请客人填好传真发送表。	5	
	告知客人计费方式。	3	
	确认发送国家和地区代码以及传真号码。	3	
	熟练使用传真机发送传真。	5	
收取费用	输入传真号码后，与稿件上的号码进行核对，确认无误后再发送。	5	
	把账单、传真号、发送张数写在账单上。	5	
	把账单号、传真号、发送张数写在传真登记表上。	5	
	按酒店规定计算传真费。	5	
	请客人确认、签字。	5	
	收取费用，开具发票。	5	
	客人签单：住店客人：账单第一联转交总台收银处，第二联留底。	5	
	客人签单：非住店客人：请其付押金。	5	
	客人签单：非住店客人：账单第一联交客人，第二联留底。	5	
填写备忘录	礼貌地向客人道别。	3	
	填写“发出图文传真备忘录”。	10	
总评		100	

注：考核满分为100分，90分及以上为A；80～89分为B；60～79分为C；60分以下为D。此项训练考核时限为5分钟，每超过1分钟扣5分，超过3分钟成绩为D。

二、综合能力评价

表 3－38　综合能力评价表

姓名		班级		学号	
任课老师		上课时间	第　　周　　节		
上课地点		小组成员			

学生自评	
	1. 学习态度：优（　　）良（　　）合格（　　）不合格（　　）
	2. 参与小组讨论活动情况：优（　　）良（　　）合格（　　）不合格（　　）
	3. 掌握知识情况：优（　　）良（　　）合格（　　）不合格（　　）
	4. 能力提高程度：优（　　）良（　　）合格（　　）不合格（　　）
	本次学习活动表现不足的地方：
	本次学习活动需要改进的地方：

自评成绩	优秀		良好		合格		不合格	

老师评价						
出勤情况	请假____天		迟到____次	早退____次	缺勤____次	
分类	评价内容		满分	意见	评分	
态度能力	1	考勤纪律情况	5			
	2	学习适应能力	5			
	3	虚心好学态度	5			
	4	任务完成能力	5			
	5	自我管理能力	5			
	6	自我学习能力	5			
专业能力	7	专业知识能力	5			
	8	专业技术能力	5			
	9	知识应用能力	5			
	10	独立操作能力	5			
	11	专业学习能力	5			
	12	分析问题能力	5			
	13	观察判断能力	5			
	14	操作技能水平	5			
方法能力	15	组织策划能力	5			
	16	团体协调能力	5			
	17	沟通交流能力	5			
	18	解决问题能力	5			
	19	语言表达能力	5			
	20	随机应变能力	5			
评价分数合计			100			

成绩评定	优秀		良好		合格		不合格	
老师签名		日期						

思考与练习

一、思考与案例分析

案例一——复印装订服务

【案例】

某日下午15：00，北方公司李先生来到商务中心要复印两份重要的合同书，因要赶紧去会晤一个重要客户，就把合同书交给了小王，并告知小王18：00来取合同书及复印件。小王抓紧时间把合同书复印好并认真将复印件装订整齐，并把原件与复印件放在一起。小王心想："我这次可算万无一失了，保证客人满意。"下午18：00，李先生高兴地将合同书及复印件取走。

第二天一大早，李先生匆忙来到商务中心，见到小王就大吼起来："我的合同呢？怎么搞的？怎么少了一张？"小王一头雾水：昨天不是好好的吗？怎么李先生今天又找我来要合同了？经过询问才知道，李先生的合同书原件要拿去签订合同，复印件是想自己留底用。但现在原件的最后一张找不到了，这可怎么签合同啊！"李先生，是不是您昨天拿到房间后忘记放在什么地方了？"小王认真地询问着。李先生肯定地说："不可能，我昨天把合同书拿到房间后就放在文件夹里了，没人动过。"李先生和小王都不知所措。正在这时，李主管来了，经过了解，想了一会儿，走到复印机前面，打开复印面板拿出一张纸，李先生一看喜出望外："就是这张！太好了。"

原来，小王昨天复印完合同后，忘记把最后一张拿出来了，后来又没有人再用复印机，因此才导致李先生一大早来找合同的事情的发生。

情景分析

作为商务中心的员工，应严格按照服务流程的细则去工作，只有这样才可以避免失误的出现。案例中的李主管能迅速判断出丢失的合同页在复印机里，说明他有着丰富的工作经验和思维敏捷的头脑。

思考与启示

管理者不仅要培养员工的业务能力，还要培养员工沉着细心服务的习惯。这样既能给客人提供优秀服务，又能避免差错的发生。

案例二——打字服务

【案例】

一天，一位上海客人来到商务中心要打印一份邀请函，客人准备邀请他的一位重要客户黄先生来参加他的商品展示会。客人一边说，服务员小王一边打字。很快，邀请函打印完毕，客人匆忙将邀请函拿走，但不到10分钟，客人又回来了："怎么搞的，我邀请的是'黄'先生，怎么成了'王'先生？""您刚才说的就是'王'先生啊！"小王不解地说。这时客人不好意思地笑了，原来在上海话中"黄"就读作"王"音，小王也没有核对就将"黄先生"打成了"王先生"。

情景分析

提供打印服务时，打印完毕后要让客人检查核对后方可打印出稿。虽然客人着急要稿件，但作为服务人员不能过于粗心，应完全按照服务程序来工作，避免类似问题的发生。

思考与启示

在服务中，服务人员要对姓氏进行复述核对，中文姓氏要核对"三横王"，还是"木子李"、"弓长张"等。对于英文名字要询问客人并复述名字的拼写。

案例三——订票服务

【案例】

某日上午10:00，一位客人气冲冲地直奔大堂副理值班处，见到大堂副理聪聪，客人非常生气地说："前天入住时，我在你们的商务中心订了一张今天上午11：00回北京的机票。昨天服务员把票交给我时，我正好有一个电话要接，没有查验就把票放钱夹里了，因为我对你们酒店是放心的。可是今天上午我去机场，才发现你们给我订的是昨天上午11:00的飞机。这完全是你们商务中心的错，我要求赔偿，否则我要投诉。"听了客人的话，聪聪对客人说："首先我代表酒店对给您带来的麻烦表示歉意，您先别着急，请先到大堂休息片刻，我这就调查此事。"然后，聪聪到商务中心询问那天的情况，正好前天当班的票务员小王在值班，她记得那天的情景，然而客人究竟订的是哪天的票，她记不清楚了。聪聪要求她立即将订票的存根联找出来，可小王找了半天却说找不到了。

情景分析

商务中心票务员在接受客人订票时，应该请客人填写订票委托单，并请客人签字确认。客人取票时，票务员小王应该请客人核对，并在票务登记簿上签字，同时应保存好客人的订票委托单据。票务员小王没有按规范的服务程序为客人服务，又找不到原始的订票凭证，以至于给管理者处理问题带来了诸多的不便。

思考与启示

酒店应严格服务程序的管理，对员工要加强专业培训，使员工做到规范服务，这样即使出现问题，管理者也有据可查。如果是酒店的失误，酒店应给予客人一定的赔偿，并采取积极的措施使客人满意。

通过以上三个案例，结合商务中心相关的知识点，试以你收集到的酒店相关的案例加以说明，谈谈你的收获及感想。

____

____

____

____

二、思考与拓展训练

复印服务流程训练（以小组为单位进行训练）

器材租用服务流程训练（以小组为单位进行训练）

附　录

前厅服务知识拓展

一、客人投诉的处理

（一）客人投诉的原因

（1）对服务不满。

（2）对设施设备不满。

（3）因突发事件造成客人不便而引起投诉。

（4）其他原因。

（二）投诉者的心理特征

1. 求发泄

一些产生挫折感的投诉者，只有心中的怒气向他人发泄以后，沉重郁闷的心情才会被轻松舒畅的心情所代替。

2. 求补偿

客人在遭受一定的损失后向酒店索赔，或采取法律上的诉讼要求赔偿，以弥补自己的损失，从而达到心理上的平衡。

3. 求尊重

在投诉案例中，怀有这种心理的客人较多。他们认为自己的意见是正确的，希望得到有关部门应有的重视以及他人的同情与尊重。对于此类客人，应向他们表示歉意，并立即采取相应的行动。

正确分析客人的心理是正确处理投诉的第一步，只有正确分析、了解客人的心理，才能有针对性地提出各种解决方案，从而灵活处理。

（三）处理投诉的原则

1. 真心诚意帮助客人

接受客人投诉时，要理解客人当时的心情及其所处的事态，并满怀诚意地为其提供帮助，满足其需求。

2. 绝不能与客人争辩

当客人情绪激动地进行投诉时，应耐心倾听其叙述，对其表示歉意并进行安慰，绝对不能与客人争辩，即使客人因误会而发生投诉，也应采取“双胜原则”，将“对”设法让与客人。

3. 在满足客人需求的同时维护酒店的权益

处理投诉时，不能只顾满足客人的需要而一味令酒店进行经济补偿。折扣或免单不是处理投诉的最佳方法。对于绝大多数投诉而言，给予客人更多的关心、照顾和超常服务，效果会更好。

（四）客人投诉处理流程及操作标准

客人投诉处理流程及操作标准

流程	操作标准
接受客人的投诉	①向客人表示歉意。 ②认真聆听。 • 集中注意力听完客人的投诉内容，仔细了解投诉要点。 • 可以通过提问的方式来弄清问题。 ③保持冷静。 • 不与客人争辩。 • 不反驳客人的意见。 • 如果客人情绪激动，要设法把客人请到适合的地点进行交谈。 ④表示同情。 • 对客人的感受表示理解。 • 对客人的处境表示同情。 • 采取恰当的语言给予安慰。 ⑤充分关心。 • 使用姓名称呼客人。 • 可适当用“遗憾”、“理解”、“抱歉”之类的语言，表示对投诉客人的关心。 ⑥不转移目标。 把注意力集中在客人提出的问题上，不随便引申，不推卸责任，不责怪他人。
做好记录	①记录要点：记录客人投诉的内容以及客人的姓名、联系方法等。这样可以使客人放慢讲话的速度，缓和激动的情绪，并感到受尊重。 ②正确书写，并不时应和客人的讲述，用目光与客人交流。
采取行动	①提出几个解决问题的方案或设想，供客人从中选择双方最容易接受的解决方案和补救措施，以表示对客人的尊重。 ②应充分估计解决问题所需要的时间，并将处理的时间告诉客人，以征求其意见。
解决问题	①将客人的投诉意见及时通知有关部门，协同解决问题。 ②对超越权限或解决不了的问题，要及时与上级联系。 ③代表酒店总经理采取适当的补救措施如送鲜花、水果、致歉信等，使客人感受到酒店的诚意。
检查落实	①将解决问题的进展情况及时通知客人。 ②检查核实客人的投诉是否已得到圆满的解决。 ③把投诉中发现的问题反映给相关部门，以便酒店采取改进措施。
记录存档	①将记录的处理过程整理成报告并存档。 ②记入客人的客史档案。

（五）建立良好的宾客关系的关键

1．时刻牢记“客人至上”的服务理念

客人至上，要求我们必须树立“永远让客人满意”的服务理念；客人至上，要求我们必须树立“客人是我们的衣食父母”的服务理念。

2．掌握客人对酒店产品的需求心理

客人住在酒店的这段时间，实际上是在过一种“日常生活之外的生活”，是从“第一现实”走进“第二现实”，不管他们是否清楚地意识到，实际上都必然存在着“求补偿”和“求解脱”的心理。“求补偿”就是要在日常生活之外的生活中，求得他们在日常生活中未能得到的满足，即更多的新鲜感、更多的亲切感和更多的自豪感；“求解脱”就是要从日常紧张的生活中解脱出来。

要使客人“解脱”，体验更多的新鲜感、亲切感和自豪感，作为前厅部服务员不仅要为客人提供各种方便，帮助他们解决种种实际问题，而且要注意服务的方式，做到热情、周到、礼貌、谦恭，使其感受到几乎从未有过的轻松、愉快、亲切和自豪。

3．掌握与客人的沟通技巧

（1）酒店为客人提供“双重服务”，即“功能服务”和“心理服务”。“功能服务”满足消费者的实际需要，而“心理服务”，就是除了满足消费者的实际需要以外，还要能使消费者得到一种“经历”。从某种意义上说，客人就是花钱“买经历”的消费者。

（2）对客人不仅要彬彬有礼，而且要做到谦恭、殷勤。

（3）对待客人，要善解人意。

（4）“反”话“正”说。

（5）否定自己，而不要否定客人。

（6）投其所好，避其所忌。

二、电话总机服务

（一）电话总机概述

电话总机是酒店内外联系和沟通的桥梁，为客人提供转接电话、挂拨国际或国内长途、叫醒和查询等服务，体现着酒店的服务水平和水准，是酒店对外联系的窗口，代表着酒店的形象。

总机办公室

（二）电话总机岗位职责

（1）按时到岗，着装规范，坐姿端正，规范用语。态度不得过于随便。

（2）电话铃响，立即应答，高效率转接。

（3）客人指名要找某人听电话，应协助寻找受话人而不应简单地接通某分机。

（4）需客人等候时，在接通期间应不断地向客人通报进展情况，不应只按音乐键；线路接通后，应事先通知客人再接通电话。

（5）接通某分机有困难时，应主动征求客人的意见，是否同意转移到其他分机或请其他人接听电话，不可擅自将电话转移到其他分机上。

（6）对客人的留言内容应做好记录，复述时注意核对数字。接到打错号或故意烦扰的电话时也应以礼相待。

（7）通话结束时，主动向对方致谢，等对方挂断电话后再切断线路。

（8）为客人保守通话内容。

（三）电话总机岗位业务范围

1. 话务服务

接听电话时，铃响 3 声或 10 秒内接听，用礼貌用语向客人问好。

2. 询问服务

若客人通过电话询问，话务员应及时、准确地予以满足。

3. 电话请求

有的酒店电话总机还具有客务中心的功能，需满足客人的需求，如要求送物、送餐、维修、调房等帮助。

4. 转接电话

先接外线，后接内线，最后接酒店内部电话。外线要求把电话接到客房时，必须问清受话人姓名，核对无误后方可接线。转接后无人接听或电话占线时应向客人表示歉意，并说明原因。

5. 电话免打扰

将要求该项服务的客人姓名、房号、具体服务时间记录在交接班上。将该电话号码通过话务台锁上，并将此信息准确通知所有当班人员。

6. 留言服务

（1）接听留言。

客人要求留言，话务员应认真核对店外客人要找的店内客人的房号、姓名是否与酒店信息一致；准确记录留言者的姓名、联系电话和留言内容；复述留言内容，并得到客人的认可。

（2）留言输入。

用计算机查出店内客人房间，通过固定程序输入留言内容；核实留言内容无误；在留言内容下方提供留言服务员的姓名；打印出留言。

（3）开/关留言灯。

按客房留言灯开启程序开启留言灯；每日接班和下班时核对留言和留言灯是否相符；当客人进行电话查询时，将访客留言内容准确地告知客人。关掉留言灯，清除电话留言内容。

7. 叫醒服务

客人因某些原因，要求提供叫醒服务，应满足客人的需求。叫醒分为电话叫醒和人工叫醒。

（四）电话总机岗位服务流程

1. 叫醒服务流程及操作标准

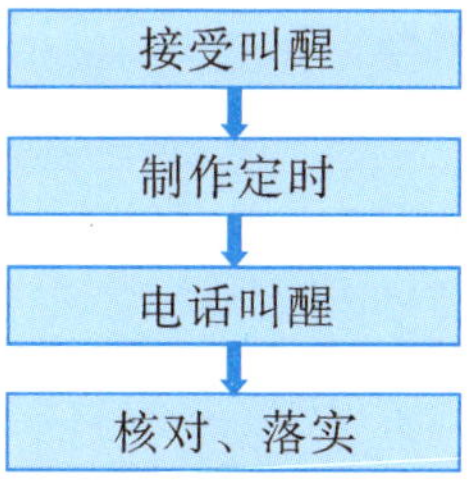

叫醒服务流程

叫醒服务操作标准

流程	操作标准
接受叫醒	受理预订：问请客人具体的叫醒时间和房号。
制作定时	记录单填写完整、字迹清晰，内容包括房号、时间、话务员签名。
电话叫醒	在定时钟上准确定时，并检查定时钟是否正常工作。
核对、落实	①电话叫醒客人，核对叫醒记录以避免出错，并注意礼貌。 ②电话接通后，客人应答确认，叫醒服务完成。 ③若房内无人应答，5 分钟后再叫一次。 ④若再次叫醒时仍无人回答，立即通知大堂经理或楼层服务员前往客房叫醒。 ⑤保留叫醒服务的通话录音，以免因客人的原因造成纠纷。

2. 转接电话服务流程及操作标准

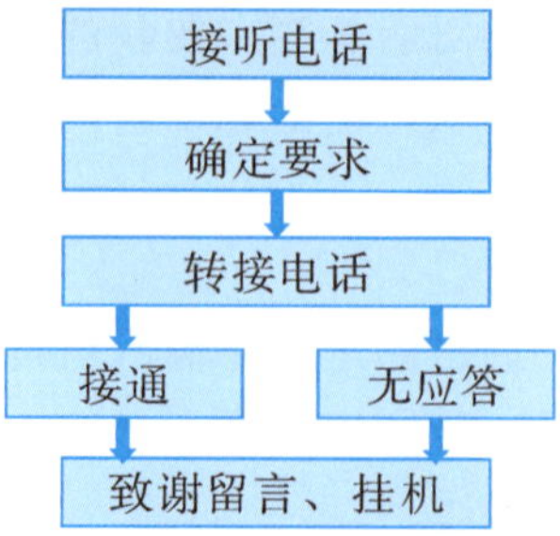

转接电话服务流程

转接电话服务操作标准

流程	操作标准
接听电话	①电话铃响 3 声内接听。 ②语音、语调亲切甜美。
确定要求	①因占线或业务繁忙时请客人稍候。 ②外转内电话先问好、报店名。 ③内转电话和店内接转先报总机。
转接电话	①接转动作准确、熟练。 ②铃响 30 秒后，如无人接听，询问客人是否留言。
致谢、挂机	①通话结束，主动致谢。 ②待对方挂机后，方可挂机。

（五）常用英语

1． Useful Expressions

（1） Hold on a minute/second.

请等一下/请勿挂断。

（2） Now Room 1516 is on the line，speaking，please.

现在 1516 房间接通了，请您说话。

（3） Could you tell me the party's full name and telephone number，please?

请告诉我您要通话的对方的全名和号码好吗?

（4） Just wait a moment and I'll connect you.

请等一下，我替你接通。

（5） We've got DDD system and IDD system in our hotel.

我们宾馆设有国内直拨电话和国际直拨电话系统。

（6） Sorry，the line is busy.

对不起，线路忙。

(7) What number are you calling?

您要打什么号码?

(8) How would you like to pay for the call, madam?

女士,您希望怎样付款?

(9) Where are you calling?

您是从哪里打来的?

(10) Thank you for your waiting. I'm afraid there is no reply from Room 518.

谢谢您的等待。对不起,518 房间没有人接电话。

(11) Which extension?

什么分机号码?

(12) Would you like to leave a message or to call back?

您要留言还是稍候再打来?

(13) Hold on, please. I'll put through to the Information Desk.

请不要挂电话。我给您接问讯处。

(14) Sorry, we have no domestic collect call service. You have to pay for the call yourself.

对不起,国内电话是没有对方付费的,您得自己付款。

(15) If you make a pay call, you can place it right in your room. If you'd like to make a collect call, please press 0 and then ask the Front Desk for help.

如果您自己付款打国际长途,您可以在客房直接打;如果您要对方付款,那就先拨0,然后请总台代挂。

2. Notes

put sb. through to　替某人接通(电话)

area code　区号,地区代号

connect sb. with　替某人接通

be on the line　接通了

The line is busy.　占线。

The line is free.　线路通了。

IDD call —international direct dial call　国际长途直拨电话

DDD call —domestic direct dial call　国内长途直拨电话

computer wake - up service　电脑叫醒服务

person - to - person call　叫人电话

station - to - station call　叫号电话

collect call　对方付费电话

special night rates　夜间特别价格

a time difference of 6 hours　6 个小时的时差

put a call in　打个电话进去